ORACIONES
para un
corazón
angustiado

ORACIONES
para un
corazón angustiado

⩔ CASA PROMESA
Una división de Barbour Publishing, Inc.

ISBN 978-1-68322-202-6

Título en inglés: *Prayers for an Anxious Heart*
© 2015 por Barbour Publishing, Inc.

Desarrollo editorial: Semantics, Inc. Semantics01@comcast.net

Publicado por Casa Promesa, un sello de Barbour Publishing, Inc., P.O. Box 719, Uhrichsville, Ohio 44683.

Nuestra misión es publicar y distribuir productos de inspiración que ofrezcan un valor y estímulo bíblico excepcional para la comunidad.

Member of the
Evangelical Christian
Publishers Association

Impreso en Estados Unidos de América.

Introducción

Posiblemente no nos guste admitirlo, pero las mujeres
tenemos tendencia a preocuparnos… y nuestras
preocupaciones pueden ser muy fuertes, ¡y demasiado
pesadas para soltarlas! Pero Dios quiere que se las
entreguemos a él. Él desea quitar toda nuestra ansiedad,
porque se preocupa profundamente por nosotras.
Es posible que las oraciones de este libro te ayuden a
entregárselo todo a Dios en oración, y que al mismo
tiempo te inspiren para una conversación constante
con él, una alabanza constante a él y una búsqueda
constante de su voluntad.

✠

*Estén siempre alegres, oren sin cesar, den gracias a Dios
en toda situación, porque esta es su voluntad para
ustedes en Cristo Jesús.*
1 Tesalonicenses 5.16–18 nvi

Dame pasos seguros

Afirma mis pasos en tus caminos,
para que mis pies no resbalen.

SALMOS 17.5 RVR1995

❧

Amado Dios, yo sé que siempre estás pendiente de mí. Tú sabes dónde estoy ahora mismo, y tienes un plan para mi futuro. Quiero confiar en ti y estar segura de que todo está diseñado para parecerme cada vez más a ti en el camino del día a día. Pero a veces parece que estoy totalmente sola. Es como si estuviera en frente de una montaña que tengo que escalar, con nada a lo que agarrarme. Todo lo que veo es una mole empinada y ninguna manera de llegar a la cima.

Muéstrame los pasos que debo dar, Señor. Confío en ti para que me guíes, y hacer mi camino. Cuando haya piedras en el camino, por favor, enséñame a usarlas como peldaños. Si entrase en sitios resbaladizos, dame unos pies sólidos. Cuando el camino dé giros y vueltas y no esté segura de qué dirección tomar, deseo tener la seguridad de que vas delante de mí para dirigir mis pasos.

Es fácil tomar mis propias decisiones, solamente al darme cuenta de que me he metido en algo que no puedo manejar. Me recuerda que siempre dependo de ti para que me muestres cada paso que debo tomar. Entonces puedo saber, incluso cuando las cosas son difíciles, que tú siempre me vas a llevar a mi destino. Dame gracia para creer cuanto te preocupas por cada parte de mi vida. Amén.

Una mente firme

Al de firme propósito guardarás en perfecta paz,
porque en ti confía. Confiad en el Señor para siempre,
porque en Dios el Señor, tenemos una Roca eterna.
Isaías 26.3–4 lbla

❧❧❧

Señor, confieso que a menudo mi mente no es firme. Frecuentemente me lleno la mente con preocupaciones por el futuro, cosas del pasado de las que me arrepiento, o las tareas agobiantes de hoy. Estoy deseando esa paz perfecta que tú prometes a aquellos que tienen una mente firme. Me doy cuenta de que esa paz no se puede conseguir intentándolo más o tratando de no hacer caso a las cosas que producen ansiedad en mi vida. Esta paz firme solo es posible cuando aprendo a descansar y a confiar en ti.

No hay nadie mejor en quien poner mi confianza que tú. Controlas con cariño y con poder todas las cosas que pasan en mi vida. Y tú siempre serás. Eres la roca eterna en la cual puedo apoyarme y tener estabilidad. Nunca cambias, eres indestructible y todopoderoso. ¿Por qué motivo no pondría mi confianza en ti?

Señor, gracias porque estás ahí para apoyarme y sostenerme durante las dificultades y los momentos de estrés. Gracias porque no eres un Dios lejano, eres un Dios que me invita a pasar y encontrar seguridad. Cuando mi corazón esté ansioso, recuérdame que debo correr hacia ti, mi roca. Dame esa paz perfecta que tú prometes a aquellos que confían en ti. Amén.

Cuando tengo el corazón abrumado

Desde los extremos de la tierra, clamo a ti por ayuda cuando
mi corazón está abrumado. Guíame a la imponente roca de
seguridad, porque tú eres mi amparo seguro, una fortaleza
donde mis enemigos no pueden alcanzarme. Permíteme vivir
para siempre en tu santuario, ¡a salvo bajo el refugio
de tus alas!

SALMOS 61.2–4 NTV

Señor, la vida pasa, y no importa lo mucho que intente planear o preparar el futuro, lo inesperado ocurre. He tratado de controlar mi mundo, y justo cuando pensaba que lo tenía todo perfecto, algo pasa para recordarme que no tengo el control. Desde los dolores más profundos hasta pequeñas decepciones, esas cosas causan que mis emociones se descontrolen y que se abrume mi corazón.

Cuando esas épocas vengan —y vendrán—, levantarás mi rostro y me ayudarás a fijar la mirada en ti. Eres una ayuda muy presente en tiempo de problemas. Solo tú puedes calmar la tormenta dentro de mí cuando un tornado de incertidumbre arremete desde dentro. Tú provees refugio y seguridad para mi corazón herido. Cuando te miro, encuentro un lugar de descanso para todas las preguntas que corren por mi mente.

Gracias por estar siempre ahí cuando clamo a ti. Gracias porque siempre sosiegas mi alma con tu presencia. Pongo mi mente en ti y descanso en el santuario de tu amor. Ayúdame a vivir mi vida bajo el refugio de tus alas. Cierro mis ojos y descanso en ti ahora. Amén.

El Shama: el Dios que oye

Y oyó Dios el gemido de ellos, y se acordó de su pacto con
Abraham, Isaac y Jacob. Y miró Dios a los hijos de Israel,
y los reconoció Dios.
ÉXODO 2.24–25 RVR1960

❧ ❧

Señor, que oyes mejor que nadie, gracias por escucharnos cuando te llamamos. En nuestras simples alegrías y a través de nuestros dolores más profundos, te presentamos nuestras peticiones porque tú eres el único que tiene el poder de darnos lo que necesitamos y mucho más. Los problemas de este mundo se hacen cada vez más pesados, pero se nos da esta gracia: podemos traer esas cargas a ti. Y aquí están. ¡Escucha nuestro gemir, Abba! ¡Recuerda el pacto que hiciste con los patriarcas para agrandar, bendecir y proteger a tu pueblo! No nos abandones ni nos dejes ser presa de los ardides del diablo. Aunque mi corazón esté angustiado, puedo encontrar ánimo. Tú has escuchado. Tú recuerdas. Tú ves y sabes. Sabes mucho más que yo sobre el estado de mi corazón y sobre el mundo que me rodea. Tú ves a través de las profundidades de mi espíritu abrumado con los benditos ojos del Creador, los cuales ven el problema mucho más claro que yo. Sé cuál es el remedio. Tú liberaste a tu pueblo de la esclavitud en Egipto. Libérame hoy de la esclavitud del pecado. Gracias porque, a través de Jesús, nos proporcionaste el rescate. No me dejes dudar de que, en tu sabiduría, también estás actuando. Amén.

Un corazón en paz

*La paz os dejo, mi paz os doy; no os la doy como el mundo la
da. No se turbe vuestro corazón, ni tenga miedo.*

JUAN 14.27 LBLA

Señor Jesús, he permitido que el miedo entre en mi
corazón. En vez de mirar hacia ti en mi momento
de necesidad, he retrocedido por miedo de mis circunstancias terrenales. Cuando considero lo que soportaste
en la cruz por cubrir mi pecado, mi triste situación no es
nada en comparación. ¿Qué paz tenías cuando demos-
traste tu amor al morir por mí? Todavía tienes abundancia de paz para compartir con todos nosotros.

Todos los días me recuerdas tu paz de maneras diferentes. Un amigo, incluso un extraño, comparte una son-
risa o una palabra amable. Mientras estoy en un atasco,
un adhesivo en el auto que está delante de mí declara tu
amor a cada persona que te busca. Un abrazo tierno de
un ser amado me envuelve con la calidez de tu cuidado.

Entonces, me vuelvo hacia a ti, Señor. Y en tu palabra encuentro: «Y la paz de Dios, que sobrepasa todo
entendimiento, guardará vuestros corazones y vuestras
mentes en Cristo Jesús» (Fil 4.7 LBLA).

Gracias, amable Señor, por tu paciencia cuando estoy en problemas, por tu perdón cuando no te hago caso
y por tus palabras de verdad que me llevan a tener de
nuevo un corazón lleno de paz.

Todo esto oro en tu maravilloso nombre. Amén.

Cuando me siento agobiada

Dios me arma de fuerza y hace perfecto mi camino. Me hace andar tan seguro como un ciervo, para que pueda pararme en las alturas de las montañas. Entrena mis manos para la batalla; fortalece mi brazo para tensar un arco de bronce. Me has dado tu escudo de victoria. Tu mano derecha me sostiene; tu ayuda me ha engrandecido. Has trazado un camino ancho para mis pies a fin de evitar que resbalen.
SALMOS 18.32–36 NTV

❧✦❧

Señor, hoy la fatiga me ha golpeado fuerte, y he dicho: «No puedo; no puedo seguir con esto».

La vida me agobia a veces. Tengo demasiadas cosas que hacer y poco tiempo. Los obstáculos aparecen de la nada y obstruyen mi camino. Son esos obstáculos, Señor, los más duros. Me atrapan y me aprietan fuertemente. Lucho para deshacerme de ellos, y, mientras lo hago, me olvido de clamar a ti. Odio ese sentimiento de ir por mi cuenta, de estar separada de ti. Si tan solo me acordase de parar y escuchar tu voz. Entonces podría oírte susurrar: «¡Si, tú puedes!».

Señor, siempre estás conmigo. Tú me das fuerza para seguir adelante. Cuando tengo mi mente puesta en ti, puedo pasar por encima de cualquier obstáculo que se ponga en mi camino. Eres mi poder y mi paz. Siempre que me sienta abrumada, recuérdame esto. Aquí está mi mano, Señor. Tómala. Agárrala fuerte en la tuya. Vamos a avanzar juntos. Amén.

Bendecida más de lo imaginable

Cercano está Jehová a todos los que le invocan, a todos los que le invocan de veras. Cumplirá el deseo de los que le temen; Oirá asimismo el clamor de ellos, y los salvará. Jehová guarda a todos los que le aman, mas destruirá a todos los impíos. La alabanza de Jehová proclamará mi boca; y todos bendigan su santo nombre eternamente y para siempre.

SALMOS 145.18–21 RVR1960

Quédate cerca de mí, Padre. Deja que tu presencia rodee mi alma. Estar cerca de ti me hace bien; apartarme de ti me marchita como las últimas vides del otoño. Es un consuelo saber que te vas a acercar a mí y no solo vas a satisfacer mis necesidades, sino mis deseos también. Las promesas que das son a veces mi único salvavidas.

Más veces de las que me gustaría admitir, no te alabo, y, para ser honesta, solo unas pocas veces en mi vida puedo decir que te he alabado con todo mi ser. Señor, no vivo como sería propio de conocerte. Doy más importancia a las opiniones de otros sobre mí que a la tuya. Tú me hiciste a tu imagen, y constantemente me das forma y me moldeas con tus manos. Ayúdame a ser maleable en tus manos cuando mi corazón se resista a cualquier cosa que me saque de mi zona de confort y de mis deseos egoístas.

Tú me has bendecido más de lo imaginable. Me has concedido libertad a través de tu Hijo. Quisiera no cesar de hablar de ti en mi vida. Que nunca deje de recordar tu firme amor y fidelidad. Amén.

Clama el justo

SALMOS 34.17 NVI

❧❧

*P*adre amado, tú prometiste escuchar y liberar a los justos de sus problemas, y por eso creo que tengo que preguntar… ¿soy justa? Si la justicia quiere decir ser moralmente buena y recta, entonces no. No soy justa, y no tengo derecho a esperar que me oigas o me ayudes de ninguna manera. Tu palabra dice en Romanos 3:10 que nadie es justo.

Sin embargo, en los versículos 20-25 de ese mismo capítulo, dijiste que cuando creemos en tu Hijo Jesucristo, nos convertimos en justos a tus ojos. Esa justicia no es por quién somos nosotros, sino por quién es Cristo. Porque yo creo que Jesús es tu Hijo y he puesto mi fe en él como mi Salvador, tú me ves justa.

Así que volvamos a esa promesa, Señor. Soy justa por mi fe en Cristo, y tú prometiste escucharme y liberarme de los problemas. Eso no quiere decir que no tendré ningún problema; si evitaras todos mis problemas, no tendrías que liberarme. Ahora mismo estoy en medio de aguas profundas, Señor. Pero sé que oyes mi clamor, y sé que vas a venir a rescatarme. Por favor, ven pronto, Señor. Confío en ti. Amén.

Dormir en paz

En paz me acostaré, y asimismo dormiré; porque solo tú,
Jehová, me haces vivir confiado.

❦

Señor, ¿por qué todo parece peor de noche? Me siento más angustiada con los problemas que tengo. Me siento inquieta por lo que pudiese pasar en la oscuridad. Es como si el enemigo se acercase a mí con pensamientos e imágenes que me frustran y atormentan mientras estoy en la cama. Preocupaciones que no me molestan durante el día ahora surgen y hasta se mofan de mí. A veces no me dejan ni dormir.

Sé que tienes todo bajo control. Es cosa mía dejar que los problemas y la ansiedad los manejes tú. Tú te ocupas de ellos. Tu palabra me dice que estoy en la palma de tu mano y nada me puede mover de ahí. Tú ves lo mismo sea de día o de noche. La oscuridad no cambia tu poder o capacidad de cuidar de mí.

En Salmos 4.8 dice que me puedo acostar en paz y dormir tranquila porque vas a cuidar de mí y de mi familia. Gracias por esa promesa de paz y seguridad de día y de noche. Ayúdame a resistir al enemigo que viene a destruir mi paz y a perturbar mi sueño. Ayúdame a no escuchar esas mentiras. Ayúdame a reflexionar en tu bondad en vez de en mis problemas. Descanso en ti, Señor, porque contigo moro en seguridad. Amén.

Jesús es mi refugio

Declaro lo siguiente acerca del SEÑOR: Solo él es mi refugio,
mi lugar seguro; él es mi Dios y en él confío.
SALMOS 91.2 NTV

❧❧

*P*adre celestial, gracias porque siempre tengo un refugio seguro en ti. Gracias por tus ángeles que me observan y me protegen incluso cuando no estoy consciente del peligro.

Saber que a ti no te sorprenden los acontecimientos que ponen patas arriba mi mundo me da una paz asombrosa. En el mundo de los sueños felices, nada saldría mal nunca. Pero en ese mundo de fantasía echaría de menos el gozo de depender de ti para sacarme de esas tormentas imposibles.

Si nunca tuviésemos problemas, no necesitaríamos la fe. ¡Ese es un gran pensamiento! La Biblia dice: «Sin fe es imposible agradar a Dios» (Heb 11.6 NTV). Así que te doy gracias por las situaciones que demandan la fe que me fuerza a confiar en ti.

Yo creo que tú estás constantemente formando en mí la persona que necesito ser, y utilizas las circunstancias de mi vida para cumplir tu plan. Por favor, perdóname cuando me aterro en vez de correr hacia ti, el lugar que me proporciona seguridad. Me has mostrado una y otra vez lo poderoso y amoroso que eres, me cuidas con ternura cuando hago frente a situaciones difíciles. Te alabo por quien eres y por lo que haces. Tú eres mi Dios y siempre voy a confiar en ti. Amén.

Mi Buen Pastor

Yo soy el buen pastor, y conozco mis ovejas y las mías me conocen, de igual manera que el Padre me conoce y yo conozco al Padre, y doy mi vida por las ovejas.

JUAN 10.14–15 LBLA

❧❧❧

Señor, estos versículos están repletos de consuelo y paz. No hay nada tan reafirmante como ser conocida y amada. A veces temo que eso no sea así: no puedo ser conocida y amada. Temo que, si me conoces completamente, con todo mi pecado, egoísmo e inseguridades, es imposible que sea amada. Y, no obstante, como una de tus ovejas, tú dices que me conoces. No solo me conoces de una manera ocasional. Tú me conoces en la misma profundidad con la que conoces a tu Padre y que él te conoce a ti. Esto es lo más increíble, porque, en la Trinidad, tú y tu Padre son uno. En esos versículos, tú me dejas claro que me conoces tan bien como a ti mismo. No puede haber un conocimiento más íntimo.

¡Y aun así me amas! De nuevo, esto no es un amor ocasional. Tú me amas con ese tipo de amor que apenas puedo comprender y que no puedo experimentar con nadie más. Tu amor por mí te condujo a dar tu vida por mí, cuando yo no hice nada por ti.

Tú eres mi Buen Pastor, y en tu conocimiento y amor puedo descansar segura, cuidada y valorada. Amén.

Entender quién soy para Dios

Cuando veo tus cielos, obra de tus dedos, la luna y las estrellas
que tú formaste, digo: ¿Qué es el hombre, para que tengas de él
memoria, y el hijo del hombre, para que lo visites? Le has hecho
poco menor que los ángeles, y lo coronaste de gloria y de honra.
SALMOS 8.3–5 RVR1960

❧ ❧

*D*ios, tú me conocías antes de que fuese concebida
en el vientre de mi madre. Me creaste a tu imagen
y me diste un propósito específico para mi vida. Tu amor
por mí nunca va a fallar. Estás siempre a mi lado, animándome. Tú me levantas cuando me caigo y me sostienes cuando ya no tengo fuerzas. Miro al cielo, a la tierra y
a todo mi mundo. Tú creaste todas esas cosas para com-
placerme y demostrarme cuánto te preocupas por mí.

Ayúdame hoy a comprender cuánto te importo y
cuánto me amas. Tu Palabra dice que fui creada para
tener una relación contigo. Ayúdame a conocerte más.
Dame hambre por adorarte, deseo por tu Palabra y compasión por tu pueblo. Cuanto más te conozco, más me
entiendo a mí misma. Cuanto más me conozco a mí
misma, más capacitada me veo para cumplir mi propósito. Gracias por darme un propósito. Me aferro a la promesa de que me amas por toda la eternidad y que nunca
me vas a dejar. Amén.

Audacia para confiar

Entonces dijo Moisés a Jehová: ¡Ay, Señor! nunca he sido
hombre de fácil palabra, ni antes, ni desde que tú hablas a tu
siervo; porque soy tardo en el habla y torpe de lengua. Y Jehová
le respondió: ¿Quién dio la boca al hombre? ¿o quién hizo al
mudo y al sordo, al que ve y al ciego? ¿No soy yo Jehová?
Ahora pues, ve, y yo estaré con tu boca, y te enseñaré lo que
hayas de hablar. Y él dijo: ¡Ay, Señor! envía, te ruego,
por medio del que debes enviar.
ÉXODO 4.10–13 RVR1960

❧❧

¿Cómo es, Dios, que tengo el atrevimiento de venir y pedir, incluso demando cosas de ti y sin embargo me falta el coraje cuando se trata de una causa del Reino? Tú me dices que vaya y yo respondo con excusas. ¿Pedro el galileo, con su chistoso acento, era más elocuente? El Espíritu habló a 3.000 corazones a través de ese pescador de hombres en el día de Pentecostés. Tengo miedo, Abba, porque veo mi insuficiencia. Y me olvido de que tú también la ves. Viste mi debilidad antes de que me trajeses a este llamado y quieres usarme en tu plan aun conociéndola. Permite que mis miedos se desplomen y recuérdame continuamente que te tengo a ti, el que creó la lengua, que llamó a todas las cosas a ser, quien me habla a mí y a través de mí. Prometes enseñarme y estar presente. Oh, Señor, por favor envíame sin trabas a tus brazos y desde ahí al mundo. Amén.

Un corazón que pide

Exhorto, pues, ante todo que se hagan rogativas,
oraciones, peticiones y acciones de gracias por todos los hombres;
por los reyes y por todos los que están en autoridad,
para que podamos vivir una vida tranquila y sosegada
con toda piedad y dignidad.

1 TIMOTEO 2.1–2 LBLA

❧ ❧

*P*adre redentor, nuestro país cae en picado hacia el derrumbe moral. Miramos, aterrorizados, cómo hombres y mujeres hemos elegido sucumbir a los compromisos mundanos. Sometiendo sus principios éticos ante el beneficio egoísta, se han olvidado de nosotros, y, peor aún, se han olvidado de ti.

Desastres catastróficos, terrores opresivos, epidemias mortales y guerras insensibles por todo el mundo traen la desesperanza. Dictadores monstruosos dictan la propagación de la brutalidad de una nación a otra.

Oramos por nuestros líderes y autoridades para que vean tu luz. Nuestros corazones claman a ti, Dios, sabiendo que un día toda rodilla se doblará. Escucha nuestras súplicas y oraciones, nuestras peticiones y acciones de gracias por todos los hombres, Señor. Que se arrodillen a ti en alabanza y no en vergüenza. Cuando vengan a ti, que la tranquilidad, serenidad, piedad y dignidad se multipliquen en este mundo.

Viniendo a ti en oración y súplica con acción de gracias, dando a conocer nuestras peticiones, ponemos nuestra confianza en ti, Padre. Estamos agradecidos por la esperanza que nos has dado a través de Jesús, nuestro Salvador. Pues traemos nuestras peticiones a ti, solo a ti a través del Rey de reyes, tu único Hijo: Jesús. Amén.

Padre, abre mis ojos

Todo lo que Dios ha creado es bueno, y nada es despreciable si se recibe con acción de gracias, porque la palabra de Dios y la oración lo santifican.

1 Timoteo 4.4–5 nvi

❧ ❧

*P*adre celestial, soy una pesimista. Pero tú ya sabes eso. Tú sabes que mi mente se marea con las preocupaciones. «¿Y sí?», me pregunto todo el tiempo. ¿Y si esto o lo otro pasara? Y, Dios, tú sabes que la mayoría de veces que me preocupo por esas cosas nunca pasan.

Quiero que mi mente esté en paz, para pasar de la preocupación a la gratitud. Quiero morar en tu bondad. Así que ayúdame, por favor. Abre mis ojos y mi corazón para ver todas las cosas buenas que haces por mí.

Cada vez que respiro y a cada latido, tú me das vida. Iluminas mis días con luz y risas. Me diste fuerzas para enfrentar las dificultades y me diste esperanza para seguir adelante. Tu tiempo es siempre perfecto. Me provees de todo lo que necesito. Señor, me animas cuando pierdo la fe en mí misma, y me levantas cuando me caigo. ¿Cuántas veces me has salvado del mal y no me he dado cuenta? Tus bendiciones son numerosas como las estrellas, algunas grandes y brillantes, otras, sutiles, pero siempre están ahí, solamente con abrir mis ojos.

¡Oh, gracias por llenar mis pensamientos con tu bondad! Gracias, amado Padre, por ti. Amén.

Barro en manos del alfarero

Tú dirás todas las cosas que yo te mande, y Aarón tu hermano
hablará a Faraón, para que deje ir de su tierra a los hijos de
Israel. Y yo endureceré el corazón de Faraón, y multiplicaré en
la tierra de Egipto mis señales y mis maravillas.
Y Faraón no os oirá.
ÉXODO 7.2–4 RVR1960

❧

Señor, tuviste el corazón y la mente de Faraón en tus manos todo el tiempo. La mayor autoridad y poder que los israelitas conocieron durante 400 años fue Faraón, y tú moldeaste su corazón y su mente conforme a tu voluntad. Cuán compasiva es tu voluntad que informaste a Moisés y Aarón, les enseñaste exactamente cómo ocurrirían los acontecimientos y los dejaste entrar en tu plan. Borraste toda duda con tus promesas.

Señor, hay momentos en los que no entiendo o no estoy de acuerdo con tu plan. Me pregunto si Moisés y Aarón se preguntaron por qué no ablandaste el corazón del Faraón y el proceso habría ido más rápido. Hay veces que te cuestiono, pero eres soberano, como mostraste a los israelitas en Egipto cuando endureciste el corazón del Faraón. Ningún rey o mendigo está fuera de tu plan.

Tú me trajiste a tu familia, con compasión y misericordia, y ya no soy huérfana: soy tu hija. Padre, perdóname por haber desconfiado. Nunca seré capaz de comprender, pero quiero clamar por tus respuestas antes de buscar verdad en este mundo hueco y pecador que me llena con mentiras. Amén.

Él está cerca

*El Señor está cerca de los quebrantados de corazón,
y salva a los de espíritu abatido.*
SALMOS 34.18 NVI

☙ ❧

*P*adre amado, ¿estás cerca de mí ahora mismo? Necesito que lo estés. Siento como si mi corazón se hubiese roto y no tuviera remedio. A veces puedo identificar la razón y otras veces me siento deshecha y hundida, sin saber por qué. Pero, Señor, te necesito, siento que mis emociones pesan y se me hace difícil respirar.

Señor, «machacado» es la palabra exacta para definir mi espíritu. Quiero tener gozo, tú lo prometiste en tu Palabra, pero parece que está fuera de mi alcance. Mantente cerca, Señor. Envuélveme con tu espíritu y trae confort a mi alma en carne viva. Fortaléceme y ayúdame a dar pequeños pasos para encontrar salida en esta angustia. Sé que pequeños pasos llevan a un gran paso y un gran paso lleva a otro.

Dirígeme hacia tu paz, Padre. Quiero sentirte cerca. Susurra o grita palabras de ánimo; simplemente haz que las escuche. Déjame sentir tu presencia; déjame ver evidencias de ti, Señor. Necesito verte, necesito sentirte. Abre mis ojos para ver de qué manera me estás bendiciendo, Padre.

Sé que estas aquí. Gracias porque prometiste estar cerca de los desconsolados. Amén.

El gozo del Señor

Luego les dijo: Id, comed grosuras, y bebed vino dulce,
y enviad porciones a los que no tienen nada preparado;
porque día santo es a nuestro Señor; no os entristezcáis,
porque el gozo de Jehová es vuestra fuerza.

NEHEMÍAS 8.10 RVR1960

Señor, confieso que algunos días mi nivel de gozo es bajo. Las cosas no se ven tan brillantes o alegres a mis ojos. El sol de ayer se desliza detrás de una nube. Es fácil que en esos días mi autocompasión arrastre mis pensamientos y me quite el gozo. Me siento débil e inútil. Siento como si el día no tuviese un propósito.

Señor, perdóname por dejar que la autocompasión entre en mi mente. Recuérdame todas las bendiciones que me has dado. Al atravesar el día, experimentando las bendiciones de las que tu Palabra habla, ayúdame a recordar que este día es santo porque tú lo creaste. Ayúdame a ver más allá de las nubes en el horizonte. No permitas que el dolor me consuma y me aparte de tu gozo, no importa a lo que me esté enfrentando. Ayúdame a compartir con otros tus bendiciones.

Ayúdame a contagiar gozo en vez de dolor. Gracias por el gozo que has provisto; me fortalecerá para los días que vienen. Oro para que otros vean tu gozo en mi vida y para que lo deseen en las suyas. Amén.

Vestida de deleite

*Alégrense los que buscan tu protección; canten siempre de
alegría porque tú los proteges. Los que te aman,
se alegran por causa tuya, pues tú, Señor, bendices al que es fiel;
tu bondad lo rodea como un escudo.*

SALMOS 5.11–12 DHH

❧ ❧

*P*adre glorioso, no me puedo imaginar la eterna celebración que tienes planeada, cuando los creyentes
de todas las edades, de cada nación y cada denominación
se reúnan juntos en el cielo. ¡Nos vas a recibir con los
brazos abiertos! Las barreras que ahora nos separan serán derribadas. La preocupación, el miedo y el egoísmo
del mundo se harán pedazos como un trapo inservible.
Cantaremos y bailaremos, con santo abandono soltare-
mos nuestros pensamientos egocéntricos.

Ayúdame, Señor, a deshacerme de cualquier cosa fea
a la que me aferro o que se aferre a mí. Gracias, Señor,
porque no tengo que esperar hasta que esté en el cielo
para vivir en victoria y celebración. Dame gracia para
perdonar a aquellos cuyas vidas rocen la mía: a aquellos con los que tenga roces. Yo creo en que anhelas que
nos amemos unos a otros con tu amor ahora. Así que te
entrego cada parte de mí para que me des forma hasta
convertirme en una bella persona y me vistas con tu en-
cantadora justicia, lista para celebrar con todos tus hijos.

No importa lo que pase en mi vida, pongo mi confianza en ti. Quiero regocijarme en mi relación contigo
cada día como una fiesta sin fin, sin permitir que las circunstancias me preocupen. Amén.

Deja de esforzarte

*Dios es nuestro refugio y fortaleza, nuestro pronto auxilio en
las tribulaciones. Por tanto, no temeremos aunque la tierra
sufra cambios, y aunque los montes se deslicen al fondo de los
mares; estad quietos, y sabed que yo soy Dios; exaltado seré
entre las naciones, exaltado seré en la tierra. El Señor de los
ejércitos está con nosotros; nuestro baluarte es el Dios de Jacob.*
SALMOS 46.1–2; 10–11 LBLA

❧

Señor, a menudo estoy abrumada por lo rápido que
cambia la naturaleza de nuestro mundo en general
y en mi vida en particular. A veces las cosas parecen caó-
ticas y fuera de mi control, no me sorprendería que las
montañas se deslizaran en el océano. Pero, Señor, incluso
en esa extrema circunstancia, no tengo por qué temer,
porque tú eres mi refugio y mi fuerza.

Tú eres «pronto auxilio en las tribulaciones». No necesito esperar a que te des cuenta de que te necesito o a
conseguir línea para hablar contigo. Estás siempre presente cuando estoy llena de miedos y ansiedad.

Tú tienes un plan para este mundo, exaltarte a ti
mismo en la tierra. Porque tú estás a cargo de pasado,
presente y futuro. Puedo dejar de esforzarme. Continuamente me recuerdas que eres Dios y que yo no lo soy.
Ayúdame a comprender eso en toda su plenitud, así dejaré de intentar controlar y de preocuparme por el futuro.

Gracias porque tú, Señor, has sido fiel desde el principio de los tiempos, estás conmigo y eres mi fortaleza.
Amén.

Todo mi corazón

Te alabaré, oh Jehová, con todo mi corazón; contaré todas
tus maravillas. Me alegraré y me regocijaré en ti;
cantaré a tu nombre, oh Altísimo.
SALMOS 9.1–2 RVR1960

❧ ❧

*S*eñor, las distracciones en la vida pueden ser mortales. Cuando aparto mis ojos de ti, estoy tentada a poner los ojos en mí misma y en otros para encontrar respuestas. Pero las respuestas que necesito tú las respondes mejor que nadie, mi Creador. Me conoces mejor que yo misma. Me amas más de lo que cualquier otra persona podría.

Hoy te encomiendo a ti todo lo que soy. Te doy todo mi corazón. No me guardo nada. Ven a mi corazón y alumbra con la luz de tu amor hasta los rincones más oscuros. Hazme ver las cosas de mi corazón que he ocultado de ti. Te entrego cualquier deseo que sea contrario a tu plan para mi vida. Los dejo. Revélame todos esos deseos para poder deshacerme de ellos.

A veces, la gente puede convertirse en una distracción. Ayúdame a ver mis relaciones como tú las ves. Ayúdame a salir de relaciones que pueden llevarme al camino incorrecto: el camino que no tienes para mí. Al entregarte todo mi ser, ayúdame a convertirme en la persona que siempre creíste que podía ser. Amén.

Esta clase de obediencia

Y vinieron sus discípulos y le despertaron, diciendo: ¡Señor,
sálvanos, que perecemos! Él les dijo: ¿Por qué teméis, hombres
de poca fe? Entonces, levantándose, reprendió a los vientos y al
mar; y se hizo grande bonanza. Y los hombres se maravillaron,
diciendo: ¿Qué hombre es éste, que aun los vientos
y el mar le obedecen?

MATEO 8.25–27 RVR1960

❧❧

Señor del mar y el cielo, la tormenta arrecia con furor
alrededor y dentro de mí. Las olas me hacen hundirme: cargas económicas, relaciones rotas, problemas de
salud. ¿Dónde estás, Señor? Parece que estás dormido.
Así que grito más fuerte: «¡Sálvame, que perezco!». Perdóname por olvidar que tú me creaste, me formaste y
me redimiste. Así como me llamas por mi nombre y me
reclamas como tuya, así también llamas y reprendes a los
vientos y el mar. Respondiste a mi clamor, incluso antes
de entrar en estas pruebas. Cuando tus hijos pasan por
las aguas, prometes que vas a estar con ellos. Los ríos
y las preocupaciones no van a vencerlos porque tú eres
soberano y fiel. Abre mis ojos para poder verte y sentirte
en el timón, para ser liberada por tu paz generadora de
amor. Deja que tu gran calma se pose en mí. Cuando
las tormentas de la vida amenacen con volcarme, recuérdame desde el principio qué clase de Dios eres y cómo
hasta los vientos y el mar te obedecen. Amén.

Un corazón de perdón

Pues tú, Señor, eres bueno y perdonador, abundante en
misericordia para con todos los que te invocan.
SALMOS 86.5 LBLA

❧❦❧

*P*adre celestial, gracias por tu eterno amor, perdón y
misericordia. Envuelta en tus confortables brazos, ni
los pensamientos amargos ni la ansiedad pueden tenernos
cautivos. A veces luchamos contra tu abrazo; en lugar de
renunciar a nuestra ira y resentimiento, elegimos revolcar-
nos en nuestra amargura. Buscamos consuelo en la bien
conocida carga de la impunidad y señalamos con engreí-
dos dedos acusadores a aquellos que nos han hecho daño.

Tu Palabra dice que renunciemos a la ira y la mali-
cia que tenemos contra nuestros enemigos. Ofrecerles el
amor y perdón que tú nos diste nos liberará de la angustia
que la amargura está tan dispuesta a traer. Esta lucha es
una dura batalla que hay que ganar.

Tú nos recuerdas con misericordia que hay que mirar a los que nos han perjudicado a través de tus ojos, los
mismos ojos con los que tú miraste nuestra propia pe-
caminosidad. Ellos luchan contra los defectos humanos
tanto como nosotros. Entonces reconocemos la verdad: la
oración y el perdón son la llave para abrir la prisión de
nuestros corazones enojados.

Tú, Señor, estás siempre listo para perdonar, amán-
donos con un amor eterno. Ayúdanos a seguir tu divino
ejemplo. Llevemos cautivo todo pensamiento a la obediencia a Cristo. Sí, Señor, que nuestros corazones perdo-
nadores nos permitan descansar en el confort de tu abrazo
una vez más. En el nombre de Jesús. Amén.

Un corazón desprendido

La preocupación agobia a la persona;
una palabra de aliento la anima.
PROVERBIOS 12.25 NTV

೫಄ೕ

*P*adre amado, la ansiedad me ha hecho egoísta. Ha provocado que mis pensamientos se centren en mí misma y en mis propias dudas. Si he mirado hacia afuera, lo he hecho con interés, queriendo que otros curen mi corazón angustiado y que me quiten las penas. Lo siento, Padre. Te debo una disculpa. Sé que tú eres la clave para curar mi corazón angustiado y para reorientar mis pensamientos, enfocándolos hacia ti y hacia los demás.

Gracias por mostrarme que no soy la única persona que se siente angustiada. El mundo está lleno de preocupaciones. Me he fijado tanto en mis propias preocupaciones que me he olvidado de que otros también están preocupados. Mis amigos, familia, compañeros de trabajo, ¿qué está pasando en sus vidas? ¿Qué les preocupa? ¿Los he buscado para que me animen, pero los he animado yo a ellos? Me han escuchado hablar de mis problemas y me han intentado animar. Y, muy a menudo, he estado tan aplastada por mis propios problemas que no me he percatado de que ellos también podrían necesitar aliento.

Padre, gracias por llenar mi corazón con tu amor. Ahora, ayúdame a compartirlo con otros. Dame la sabiduría para saber si necesitan ánimos. Ayúdame a saber escuchar y a decir las palabras adecuadas. Dame un corazón generoso, Señor, un corazón que mire hacia ti. Amén.

Viene como la lluvia

*Y conoceremos, y proseguiremos en conocer a Jehová; como
el alba está dispuesta su salida, y vendrá a nosotros como la
lluvia, como la lluvia tardía y temprana a la tierra.*

OSEAS 6.3 RVR1960

❧❧

Señor, mi conocimiento sobre ti es como una punta de lápiz comparada con la superficie de la tierra. Eres más extenso que las profundidades del mar; tu poder es tremendo y petrificante. ¿Vivo sabiendo que estoy en tu presencia todo el tiempo? No, confieso que mis pensamientos y acciones están controlados por mi propia moral, no la tuya. Me he convertido en el centro de mi propio mundo y me esfuerzo en vano por tomar los pedazos de mis planes mientras se desmoronan. Sin ti no hay ancla; no hay estabilidad en ningún área de mi vida.

Tu cercanía me hace bien; acércate, Señor. Que tu Palabra refresque mi alma. Estoy sediento de tu presencia como una frente con fiebre lo está de una mano fría. Espero tu venida; confío en que con tu omnipotencia oyes mi clamor y conoces mis preocupaciones. Muchas veces siento que solo puedo confesarte esas luchas internas a ti. Es como si no hubiera otro hermano o hermana en Cristo en el que pueda entregarme en confianza. Señor, si es tu voluntad, levanta un grupo de creyentes que puedan caminar a mi lado en esta batalla, que oren y luchen conmigo. Puedo esperarte pacientemente, clamamos y esperamos en la lluvia de tu promesa. Amén.

El Señor libra

*Muchas son las angustias del justo,
pero el SEÑOR lo librará de todas ellas.*
SALMOS 34.19 NVI

❧✿☙

*P*adre amado, no sé de dónde he sacado la idea de que, si estoy viviendo para ti, no tendré ningún problema. Entiendo que aun así seguiré perdiendo mis llaves o encontraré deshinchada la rueda del auto alguna vez. Pero cosas más grandes como el cáncer, el divorcio, la muerte de seres queridos y perder mi trabajo, Señor, esas cosas se supone que no deberían pasar.

Ah, sé que nunca prometiste eso. Pero, incluso cuando estoy dando lo mejor de mí para satisfacerte, las cosas van de mal en peor. Eso me deja confusa. Tú mismo dices que quieres que tenga gozo, paz y una vida abundante, pero toda esta angustia parece ser un ingrediente bastante extraño para tener una vida abundante.

Entonces, supongo que todo depende de cómo lo mire. Si mi vida siempre fuera maravillosa, no apreciaría la belleza. A veces usas el cáncer para enseñarnos el milagro de la vida. A veces usas la pérdida de trabajo para enseñarnos la libertad de confiar en ti, o nos das la confianza en una misma que viene de encontrar otra manera de ganarse la vida. También permites el divorcio o la muerte para acercarnos a ti.

No, nunca prometiste una vida libre de problemas. Pero sí prometiste no dejarme nunca, ni por un momento. Y también prometiste liberarme de mis tribulaciones y llevarme a un lugar de seguridad y paz. Confío en ti, Padre, incluso cuando tenga problemas. Amén.

El Señor resplandecerá sobre ti

Jehová te bendiga, y te guarde; Jehová haga resplandecer su rostro sobre ti, y tenga de ti misericordia; Jehová alce sobre ti su rostro, y ponga en ti paz.
NÚMEROS 6.24–26 RVR1960

❧ ❧

Gracias, Señor, por tus bendiciones en mi vida. Me doy cuenta de que a veces doy por sentados esos beneficios. Perdóname, Señor. ¿Qué habría sido de mí si no me hubieses guardado todos estos años? Me has llevado por muchas pruebas y tentaciones, dándome fuerza y gracia cuando más las necesitaba. ¿Cuántas veces te he llamado para pedirte ayuda? Y has contestado, a tu manera, a tu tiempo, pero siempre cuando lo necesitaba. Gracias, Señor.

Señor, cuando no he aceptado tu dirección en mi vida y he seguido mis propios intereses, tú seguías siendo fiel, teniendo gracia cuando no la merecía. Hiciste brillar tu rostro sobre mí y me dirigiste de nuevo al camino correcto.

Mirando a los años pasados veo las muchas veces que me has bendecido, guardado y proporcionado paz. Mirando atrás, veo las circunstancias que podrían haber sido desastrosas, de no haber sido por tu ayuda. No puedo hacer nada sin ti, Señor. Has tenido gracia conmigo cuando no merecía nada. Sin ti no hay paz. Ayúdame a ser agradecida por esas bendiciones. Ayúdame a mantener mis ojos en tu rostro, el cual me proporciona la luz que necesito. Amén.

Toma su mano

No tengas miedo, porque yo estoy contigo; no te desalientes,
porque yo soy tu Dios. Te daré fuerzas y te ayudaré;
te sostendré con mi mano derecha victoriosa.

ISAÍAS 41.10, 13 NTV

❧

¡Qué gran consuelo, Señor! Estos versículos me recuerdan que, sea lo que sea por lo que esté pasando, tú estás ahí. Tú me tomas de mi mano derecha y me sostienes con tu diestra.

A veces me siento encallada, sola y terriblemente asustada. Ya sea que me hunda en un pozo de deudas, en desesperación por una relación rota, o haciendo frente a una enfermedad, tú estás al alcance. Mientras me abro paso sobre el lodo de las emociones, y te miro a ti, tú estiras tu mano y me sostienes con tu diestra victoriosa. Extiendo mi débil derecha hacia ti. Eso me pone cara a cara contigo, el Creador del universo. Te miro directamente a los ojos. En vez de centrarme en mis aflicciones —las montañas que se ciernen, las olas enfurecidas en el océano—, veo tu fuerza, tu coraje y tu seguridad. Puedo mirar mis circunstancias a través de ti y confiar en ti para que cuides de mis cosas.

Te doy mis problemas. Mis manos están vacías, listas para que me sostengas. Gracias porque tu diestra justa siempre está extendida para mí. Amén.

Soy tuya

Mas ahora, así dice el S<small>EÑOR</small> tu Creador, oh Jacob, y el que
te formó, oh Israel: No temas, porque yo te he redimido, te
he llamado por tu nombre; mío eres tú. Cuando pases por
las aguas, yo estaré contigo, y si por los ríos, no te anegarán;
cuando pases por el fuego, no te quemarás,
ni la llama te abrasará.

ISAÍAS 43.1-2 LBLA

❧

Señor, con frecuencia me siento como si estuviese pasando por un río en el que apenas puedo tocar fondo y cada corriente intenta hundirme. No soy ajena a la sensación de estar pasando por una prueba en llamas donde estoy casi segura de que me puedo quemar. Pero tú me has prometido en estos versículos que vas a estar conmigo en cada prueba. No vas a permitir que las aguas me hundan o que la llama me queme. Qué gran alivio que tú, el Creador del universo, andes conmigo por esta vida para levantarme sobre las aguas y protegerme de las amenazadoras llamas.

Tú me llamaste por mi nombre para ser tuya. Que alguien conozca mi nombre significa que he sido reconocida y recordada. Entre los miles de millones de personas en este mundo, tú me conoces por mi nombre. Y me llamas por ese nombre para ser tuya. Qué pensamiento más íntimo y qué lección de humildad.

Como alguien que pertenece a ti y que has redimido, ciertamente no tengo ninguna necesidad de temer. Amén.

Él es todo lo que necesito

Y este mismo Dios quien me cuida suplirá todo lo que necesiten,
de las gloriosas riquezas que nos ha dado por medio
de Cristo Jesús.

FILIPENSES 4.19 NTV

❧❧

*P*adre celestial, a veces la vida está demasiado llena. Se convierte en un río que ha recibido mucha lluvia en poco tiempo. Se mueve a una gran velocidad y me encuentro atrapada en los rápidos de la vida. Perdóname por haberme dejado atrapar por los rápidos de la vida. Perdóname por intentar averiguar las cosas por mí misma, intentando salvarme. A menudo intento responder mis propias preguntas y resolver mis dudas cuando, de hecho, tengo la respuesta correcta en todo momento. También elijo a otros para que hablen en mi vida, buscando su sabiduría y aprobación, preguntándoles a ellos en vez de preguntarte a ti.

Debería ser a ti a quien busco para encontrar dirección. Tú sabes quién soy y lo que necesito en cada situación. Ayúdame a que siempre vaya a ti, especialmente cuando me encuentre en aguas turbulentas. Dame sabiduría y entendimiento. Ayúdame a discernir lo que es bueno y correcto para mi vida. Abre el camino ante mí. Háblame y dime hacia dónde ir. Tu palabra promete que me vas a guiar en todos mis caminos y vas a proveer por toda necesidad. A veces lo que más necesito es pasar tiempo contigo, aprender a reconocer tu voz y responder en obediencia. Gracias por ser todo lo que necesito. Amén.

Toda buena dádiva

Y si alguno de vosotros tiene falta de sabiduría, pídala a Dios,
el cual da a todos abundantemente y sin reproche, y le será
dada. Pero pida con fe, no dudando nada.
SANTIAGO 1.5–6 RVRI960

❧ ❧

Abba, ¿qué dirección debo tomar? ¿Qué palabras debo decir? ¿Cómo debería invertir mi tiempo? ¡Necesito sabiduría, Señor! Salomón sabía que los seres humanos solo podían experimentar paz duradera cuando fueran guiados por tu sabiduría. Yo, también, suplico por tu discernimiento divino. ¿Cuánto tiempo debo dedicar a los ministerios de la iglesia? ¿Cómo presento el evangelio de forma natural a los amigos que no te conocen? ¿Cómo debo servir a los necesitados sin crear dependencia y más daño? ¿Cómo quieres que muestre hoy mi amor por ti y tu amor al mundo? Mi corazón está abrumado. Pero puedo venir a ti sabiendo que me vas a dar el precioso don de la sabiduría. Tú no me reprochas por preguntar, te deleitas en lo que estoy pidiendo. Gracias porque perdonas de manera generosa, más de lo que pido o puedo imaginar. Pero purifica mis peticiones para que todas sean en fe, sin dudas ni ansiedad. Quiero pedir con completo agradecimiento, esperando ver tu trabajo o tu sabiduría a través de mi debilidad. Gracias, Padre, que Jesús es la encarnación de toda sabiduría y que, a través del Espíritu, su presencia está conmigo, dándome las respuestas para guiarme a través de mis dilemas. Amén.

Un corazón que cree

No se turbe vuestro corazón;
creed en Dios, creed también en mí
JUAN 14.1 LBLA

❧❧❧

*R*ecuérdanos que busquemos estar cerca de ti en fe. Porque es mejor encontrar refugio en ti que en la humanidad o en la burocracia. Déjanos verte, Señor, en cada dirección a la que miramos buscando ayuda.

Ayúdanos a imitar a Pedro, el que anduvo sobre el mar hacia Cristo. En el momento en que quitó sus ojos de Jesús, comenzó a hundirse. Como Pedro, nosotros también nos sumergimos profundamente en las rompedoras olas de nuestras tormentas personales, cuando centramos nuestra mirada en las provisiones terrenas.

Fortalece nuestra fe, Dios Padre, cuando desfallecemos y nos hundimos en nuestro propio pesimismo.

Pedro clamó a Jesús y él lo salvó. Tú escuchas nuestras oraciones, amado Padre, cuando clamamos a ti en desesperación. Solo tú puedes salvarnos.

Cuando creemos en ti, la desilusión se desvanece a la luz de tu fe. Cuando confiamos en tus respuestas, nuestros corazones ya no estarán más preocupados. Amén.

Una oración al acostarse

Ustedes quédense quietos, que el Señor
presentará batalla por ustedes.
ÉXODO 14.14 NVI

❧❧❧

Señor, cuando me acuesto para dormir por la noche, mi mente se convierte en un enredo de pensamientos. La ansiedad crece dentro de mí todo el día, acechando en silencio. Cuando me acuesto, me ataca, y no puedo frenar el pensamiento. Me acuesto en mi cama y empiezo a revisar mis problemas y buscarles solución en mi cabeza.

Señor, te necesito. Por favor, dame paz y calma. No puedo hacerlo con mis propias fuerzas. Te necesito. Todos estos pensamientos no me hacen bien. Me quitan el sueño y me apartan de ti. Me hunden hacia un camino oscuro.

En mi corazón, sé que vas a luchar por mí. Eres el que tiene el control. Sabes dónde he estado, dónde estoy ahora mismo y a dónde voy. Lo tienes todo previsto. Así que necesito estar tranquila. Necesito recordar que tú eres Dios Todopoderoso. Me amas. No me vas a dejar caer.

Cuando cierre mis ojos para dormir, llena mis pensamientos con tu Palabra. Pon mi mente en Jesús, tu Hijo. Hazme ver su presencia a mi alrededor. Recuérdame que él me protege durante toda la noche y nunca se aleja de mí. Ayúdame a descansar en el amor de Cristo y a estarme quieta. Dame dulce paz, amado Señor. Amén.

Creación

¿Dónde estabas tú cuando yo fundaba la tierra? Házmelo saber, si
tienes inteligencia. ¿Quién ordenó sus medidas, si lo sabes? ¿O quién
extendió sobre ella cordel? ¿Sobre qué están fundadas sus bases? ¿O
quién puso su piedra angular, cuando alababan todas las estrellas
del alba, y se regocijaban todos los hijos de Dios? ¿Quién encerró con
puertas el mar, Cuando se derramaba saliéndose de su seno, cuando
puse yo nubes por vestidura suya, y por su faja oscuridad, y establecí
sobre él mi decreto, Le puse puertas y cerrojo, y dije: Hasta aquí
llegarás, y no pasarás adelante, y ahí parará el orgullo de tus olas?
¿Has mandado tú a la mañana en tus días? ¿Has mostrado al
alba su lugar, para que ocupe los fines de la tierra, y para que
sean sacudidos de ella los impíos?

Job 38. 4–13 rvr1960

❧

No, Señor, yo no ordené a la mañana que se levantase ni puse límite a las olas. Mis ojos no han visto los fundamentos de la tierra, mis oídos no escucharon la canción de los luceros del alba. Y, a pesar de todo, Señor, egoístamente creo en mi conocimiento y en el plan de que sea mejor que el tuyo. Perdóname por olvidar tu poder, fuerte y majestuoso, por colocarte en una caja y sacarte solo cuando necesito consuelo.

Me llena de humildad saber que el Dios que dirige la sinfonía del universo se deleita en la melodía tan simple de mi vida. Gracias por redimir mi vida; gracias por empujar a mi corazón a volver a ti, no importa el dolor. Señor, cuando prevalezcan las tormentas, concédeme sabiduría y fuerza para clamar a ti, el Único que manda sobre las olas. Amén.

La niña de sus ojos

Cuídame como a la niña de tus ojos;
escóndeme, bajo la sombra de tus alas.
SALMOS 17.8 NVI

❧ ❧

*P*adre amado, la expresión «la niña de tus ojos» significa «algo o alguien que aprecias por encima de todos los otros». David sabía que tú le amabas. Él lo sabía porque te amó tan profundamente que sentía tu amor de vuelta. Este versículo fue escrito en un momento de desolación, y él te suplicó para que le siguieras teniendo como «tu amado».

Padre, quiero ser la niña de tus ojos yo también. Te amo y quiero satisfacerte. Anhelo sentir tu presencia. Quiero acurrucarme en tu regazo, apoyar mi cabeza en tu hombro y descansar.

Sé que me amas, Padre, pero, a veces, cuando la vida parece demasiado dura o aterradora, parece como si me hubieras olvidado. Pero sé que mis sentimientos no son hechos y pueden ser engañosos. En esos momentos, recuérdame estos hechos: tú me amas, y pagaste un gran precio por mí. Tú has prometido que nunca me vas a dejar o darme la espalda. Y prometiste que vendrán buenas cosas para aquellos que te aman.

Guárdame como la niña de tus ojos, Señor. Refúgiame, hoy y todos los días, en la sombra de tus alas. Amén.

Dios trae contentamiento

No lo digo porque tenga escasez, pues he aprendido a contentarme, cualquiera que sea mi situación. Sé vivir humildemente, y sé tener abundancia; en todo y por todo estoy enseñado, así para estar saciado como para tener hambre, así para tener abundancia como para padecer necesidad.

FILIPENSES 4.11–12 RVR1960

❧❧❧

Mi corazón está lleno de gratitud, Señor, por todo lo que has hecho por mí. Hay muchas cosas por las que estar agradecida. Recuerdo el tiempo en el que no tenía ni dinero ni comida, pero tú me diste provisión. Hablaste al corazón de alguien y obedeció, dándome la ayuda que tanto necesitaba. Eso me hace darme cuenta de que, contigo, nunca estaré en necesidad por mucho tiempo.

Señor, hubo un tiempo en el que tenía poca ropa. De hecho, vestía con la misma ropa para ir a la iglesia los domingos por varios meses. Pero ahora tengo más de la que necesito. Gracias, Señor, no porque necesite un ropero lleno para ser feliz, sino porque me has bendecido económicamente a lo largo de los años.

Gracias, Señor, por enseñarme que, contigo, no tengo por qué preocuparme por las necesidades. Da igual el estado en el que me encuentre, puedo estar contenta sabiendo que me vas a proveer con lo necesario. Levanto mi corazón y mis manos en adoración a ti por tu provisión. Señor, ayúdame a que siempre esté contenta con lo que tengo en vez de quejarme por no tener más. Amén.

¿He amado?

¿Quién ha creído a nuestro anuncio? ¿y sobre quién se ha
manifestado el brazo de Jehová? Subirá cual renuevo delante
de él, y como raíz de tierra seca; no hay parecer en él, ni
hermosura; le veremos, mas sin atractivo para que le deseemos.
ISAÍAS 53.1–2 RVR1960

❧

Señor, ¿te he deseado alguna vez o he deseado lo que
haces por mí? Es una pregunta difícil, pero es una
cuestión que tengo que indagar. Mi deseo de conocerte
se ha convertido en un trabajo secundario. Amarte no ha
sido mi meta. Solo he buscado los beneficios de conocerte, no la relación. Padre, si es tu voluntad, muéstrame
mi ceguera; quita las escamas de mis ojos y ponme una
sed insaciable por amarte y conocerte.

Me ofendo fácilmente, me tomo los tiempos de de-
vocional como un inconveniente, soy crítica con otros, y
solo estoy interesada en la utilidad de Jesús. Este pensamiento y corazón egoístas me asustan. Señor, perdóname, aunque no lo merezco. Tú eres un Dios grande,
justo y misericordioso que trae esperanza al mundo. No
hay otra historia con tanto poder o con tanta enseñanza
de humildad como el evangelio. Oro para encontrar belleza en Cristo: belleza en sí mismo y no en lo que hace
por mí. Señor, oro para que te conviertas en mi meta, y
que las maravillosas consecuencias de amarte estén en
segundo plano. Gracias por tu Hijo, por tu Espíritu en
esta tierra y por la comunión contigo. Amén.

Un corazón resistente

*En lo cual os regocijáis grandemente, aunque ahora, por un poco
de tiempo si es necesario, seáis afligidos con diversas pruebas.*

1 PEDRO 1.6 LBLA

❧

Mi bondadoso Señor, a menudo me pregunto qué razones tengo para regocijarme cuando estoy angustiada por varios problemas. Me recuerdas un claro pensamiento a través de tu Palabra. He nacido de nuevo a una esperanza viva por medio de la resurrección de Jesucristo (1 P 1.3). Saber que estoy segura en tu promesa de una herencia celestial me ayuda a disminuir la ansiedad.

Pero sigo luchando en mis esfuerzos para tenerlo todo por gozo cuando vienen pruebas. La preocupación se cuela para esparcir las dudas. Ayúdame a recordar que intentar soportar esas pruebas sin ti a mi lado me produce incertidumbre. Necesito confiar más en ti y menos en mis tentativas débiles de resolver situaciones dolorosas.

En Santiago 5.11, leo: «Mirad que tenemos por bienaventurados a los que sufrieron. Habéis oído de la paciencia de Job, y habéis visto el resultado del proceder del Señor, que el Señor es muy compasivo, y misericordioso» (LBLA). La fe y la integridad moral de Job soportaron tragedia tras tragedia. Tú estabas lleno de compasión y misericordia por él, y me ofreces la misma bondad a mí.

Siempre estás ahí, esperando a que me vuelva a ti. Cada prueba produce aguante y fortalece mi fe en ti. Puedo aguantar lo que sea mientras esté a tu lado. ¡Eso me da una razón para regocijarme! Amén.

Las manos de Jesús

Grabada te llevo en las palmas de mis manos;
tus muros siempre los tengo presentes.
Isaías 49.16 nvi

❧❧❧

*P*recioso Señor, sé que este pasaje está dirigida al pueblo de Sion, pero también creo que es para todos los que confiamos en ti. En los días de Isaías, ellos pensaron que les olvidaste, pero el profeta entregó el mensaje que tú le diste, para recordarles, y a mí, cuán imposible era eso.

En el versículo 5 dice que, igual que una mujer no puede olvidar a su bebé, ¡tú tampoco me vas a olvidar! No puedo imaginar a ninguna madre olvidando a su hijo. Tuviste que decir eso para mostrarnos lo imposible que sería para ti olvidarnos.

No puedo hacer nada más que postrarme ante ti en asombro y alabanza cuando pienso en cuán maravilloso es; tú grabaste mi nombre en las palmas de tus manos. Señor Jesús, cuando fuiste crucificado, con clavos atravesándote las palmas, recordaste a todos los que vendrían hacia ti. Las cicatrices en tus manos son un constante recordatorio de cuánto te importamos. Cada vez que pienso en lo que tuviste que aguantar, recuerdo tu amor indescriptible por mí y que nunca me vas a olvidar. Es más de lo que mi mente puede comprender, pero mi corazón se llena de adoración.

No tengo palabras para agradecer tu maravilloso amor, pero abro mi ser a ti, confiando en que tu nombre va a estar eternamente marcado en mi vida. Amén.

Mi Dios me oirá

Pero yo pondré mis ojos en el Señor,
esperaré en el Dios de mi salvación; mi Dios me oirá.
MIQUEAS 7.7 LBLA

❧

Señor, gracias porque en tu Palabra nos has dado tan buenos ejemplos de personas que te han seguido fielmente. Ayúdame a imitar la confianza que tenía Miqueas en ese versículo.

Señor, como Miqueas, deseo mirarte expectante. Eres todopoderoso y puedes hacer milagros más allá de lo que pueda imaginar. Cuando ore, no dejes que sea solo para traer mis preocupaciones y deseos. En lugar de eso, que mis oraciones estén expectantes, aguardando con esperanza para ver las maravillas que harás como Dios todopoderoso. Que mis oraciones se saturen en el conocimiento de que tú no solo me cuidas, sino que también tienes el poder y el deseo de actuar.

Dame la paciencia que Miqueas tuvo para esperarte. En mi vida llena de prisas, me frustro cuando las cosas no se solucionan rápido o cuando mis oraciones no tienen una respuesta inmediata. Enséñame a honrarte y alabarte mientras espero y te busco. Aléjame de la ansiedad que a menudo viene con la espera. Deseo, como Miqueas, confiar en tu fidelidad y así poder decir, con una confianza sólida, que «mi Dios me oirá». Amén.

Aférrate a la esperanza

Él creyó en esperanza contra esperanza, para llegar a ser padre
de muchas gentes, conforme a lo que se le había dicho:
Así será tu descendencia.
ROMANOS 4.18 RVR1960

❧ ❧

Dios, tengo en el corazón un sueño que tú has sellado con tu promesa. He pensado en ello, he orado y lo sigo manteniendo con esperanza. Perdóname cuando mi esperanza disminuye y me canso de mantenerla. Tu Palabra es verdad, y realmente quiero confiar en ti, pero algunos días pueden llegar a ser duros. La espera es difícil, y tú sabes que mi paciencia es menor de lo que me gustaría.

Tu gozo es mi fuerza. Conforme te alabo y expreso mi gozo por tu bondad, ayúdame a crecer en confianza de que las cosas van a ocurrir como tú prometiste. Quizá las cosas no resulten como yo imaginaba. Puede que no sea como yo creía que debía ser, pero será más de lo que pueda haber pedido o pensado. Eres bueno y todas tus promesas son buenas. Estoy decidida. Animándome a mí misma con tu Palabra, voy a aferrarme a la esperanza. Lo que tú prometiste va a llegar en tu tiempo perfecto. Esperaré. Confío en ti para convertir ese sueño en realidad. Amén.

De cuervos y lirios

Dijo luego a sus discípulos: Por tanto os digo: No os afanéis por
vuestra vida, qué comeréis; ni por el cuerpo, qué vestiréis.
La vida es más que la comida, y el cuerpo que el vestido.
LUCAS 12.22–23 RVR1960

❧

Abba, vengo para entregarte todas mis ansiedades sobre el futuro. Todas mis necesidades materiales están cubiertas y, sin embargo, cuando las cosas en el trabajo se ponen difíciles, cuando los sueldos no alcanzan o despiden a gente, empiezo a sentir pánico. Sigo preocupándome de dónde va a salir mi próxima comida o cómo voy a mantener cubierta a mi familia. Y tú respondes en tu manera asombrosa y habitual. Me dices que mire a los cuervos. ¿No se supone que debo trabajar o ser responsable con respecto al futuro? No, perdona mi respuesta resentida. Los cuervos hacen muy poco y aun así les sigues dando provisión. Cuánto más me vas a dar a mí, tu hija. Mi ansiedad no produce mágicamente más tiempo, dinero, comida o ropa. Libérame de esa preocupación tan pesada. Gracias por el recordatorio del abuelo Vanderhof en la película *Vive como quieras*. Cuando le preguntan quién va a cuidar de él, responde: «el mismo que cuida de los lirios del campo». Permite que primero me fije en tu voluntad y, como los cuervos y los lirios, te lo deje todo a ti. A través de esta búsqueda, cada cosa encajará en su sitio, porque tú, Abba, sabes lo que necesito. Amén.

Un corazón reavivado

*¿No volverás a darnos vida para que
tu pueblo se regocije en ti?*
SALMOS 85:6 LBLA

❧

*P*adre sustentador, nuestros corazones, como las flores, están sedientos de agua cuando las circunstancias nos abruman. Es fácil perderse en el desierto de la preocupación. Ayúdanos a recordar que tenemos que venir a ti para reforzar nuestros debilitados espíritus. «Porque contigo está el manantial de la vida; en tu luz veremos la luz» (LBLA). Haz que la oscuridad que nos rodea desaparezca por tu radiante poder.

Nos has cubierto con tu amor divino, y nos has sostenido con tu firme determinación. Al participar de tu fuente de agua viva, somos confirmados en tu increíble fuerza. Nos diste un coraje profundo para perseverar con espíritu deseoso de hacer tu voluntad.

Te alabamos, oh Dios, en la seguridad de que vas a escuchar nuestras oraciones. «La verdad brotará de la tierra, y la justicia mirará desde los cielos» (Sal 85.11, LBLA). Podemos estar confiados en que tus respuestas fluirán hacia nosotros como una corriente de alimento. Por medio de tu poder restaurador, podemos regocijarnos en ti. Entonces nuestros pensamientos de ansiedad no tendrán más poder en nosotros. Esas desagradables luchas retroceden a la luz de tu justicia y eterna gloria, para convertirse en molestias menores y manejables.

Restaurada, sustentada y llena de gozo... esas tres bendiciones tuyas van a revivir nuestros corazones, y las flores fragantes de tu vitalidad florecerán dentro de nosotros otra vez. En el precioso nombre del único Salvador, Jesús, amén.

Esperando con ansiedad a mañana

Por lo tanto, no se angustien por el mañana, el cual tendrá sus
propios afanes. Cada día tiene ya sus problemas.
MATEO 6.34 NVI

Mañana es un día importante, Padre. Tú lo sabes. Sabes los planes y todas las preocupaciones que tengo. Me pregunto, ¿irá bien mañana? ¿será como lo he planeado o tendrá sorpresas? No me gustan las sorpresas, pero eso ya lo sabes.

Me obsesiono con cosas. Les doy vueltas en mi cabeza y me preocupo. Si pudiese saber hoy cómo será mañana. Si solo pudiese mantener mi mente fija en un buen mañana y dejarte lo demás a ti, pero tú sabes cómo soy. Preveo lo que puede salir mal y me preocupo por cómo lo voy a arreglar. Me aseguro de que estoy preparada. Siempre preparada.

Jesús dijo: «no se angustien por el mañana». Pero eso es más fácil decirlo que hacerlo. Por eso te necesito hoy a ti, Padre. Te necesito para que me enseñes cómo no preocuparme. Sé que el mañana te pertenece. El mañana no trata sobre mi plan, sino sobre el tuyo. Es sobre poner mi fe y confianza en ti, creyendo que me vas a ayudar.

Así que hoy, ahora mismo, te entrego mi mañana. Te lo entrego con todos mis planes y preocupaciones, y con toda mi fe y confianza. Toma mi mañana, amado Padre celestial. Tómalo y dame descanso. Amén.

En sus heridas somos sanados

Mas él herido fue por nuestras rebeliones, molido por nuestros
pecados; el castigo de nuestra paz fue sobre él, y por su llaga
fuimos nosotros curados. Todos nosotros nos descarriamos como
ovejas, cada cual se apartó por su camino; mas Jehová cargó en
él el pecado de todos nosotros.

ISAÍAS 53.5–6 RVR1960

❧

*P*adre, tú posees numerosos atributos a los que no
presto atención cuando leo tu Palabra. Como una
oveja perdida, he deambulado lejos de tu presencia y he
caído en la desesperación y la ansiedad. Cada vez, me
buscas en el desierto y me sigues sin descanso hasta que
esté a salvo contigo. Gracias por rescatarme y perdóname
por andar errante. Viniste a esta tierra degradada
y destruida para cargar todo el pecado —mentiras, ira,
asesinato, odio— sobre ti. Tu sacrificio es abrumador y
maravilloso. La vida, muerte y resurrección de tu Hijo
nunca fueron una sorpresa; siempre fue tu plan.

Padre, nunca nos has dejado sin esperanza; desde el
Antiguo Testamento con las profecías de la resurrección
de Jesús, ya habías revelado tu plan. Perdóname por no
valorar como se merecen tu plan, esperanza y majestad.
El Dios del universo inclina su oído a mí, a una pecadora. Humíllame, Señor; me levanto cada día con el fal-
so pensamiento de que el mundo gira alrededor de mí.
Ayúdame a vivir en el conocimiento firme de tu gracia
abundante y de mi impotencia. Tú eres el único Salvador, eres mi única esperanza en estos momentos oscuros.
Espero en ti. Amén.

Confío en ti

Encomienda al SEÑOR tus afanes, y él te sostendrá; no permitirá que el justo caiga y quede abatido para siempre.
SALMOS 55.22 NVI

❧

Padre amado, este es un bello versículo para ponerlo en una placa en la pared. Pero, cuando llega la hora de creer las palabras, es un poco difícil. Soy buena echando sobre ti mis preocupaciones. Yo oro, las pongo a tus pies, pongo mi corazón. Y luego me las llevo de vuelta. Me aferro a mis preocupaciones y las cuido. Me molesto y me preocupo por saber cómo manejar las cosas difíciles en mi vida. Supongo que, cuando esto pasa, realmente no confío en que estás obrando, no creo que estés cuidándome.

Pero, Padre, sé que todas tus palabras son verdad. Incluso cuando no te veo obrar, puedo estar segura de que estás ocupado cuidando de cosas, ordenando todo de una manera preciosa. Cuando dejo que manejes mis problemas, estoy confiada en que no me vas a decepcionar. Solo necesito confiar en tu tiempo. Quiero que todo esté arreglado aquí y ahora, pero sé que no solo estás poniendo un vendaje provisional sobre mis problemas. Estás manejando las cosas de una manera compleja, maravillosa, y eso toma tiempo.

Cuando sienta ansiedad hoy, Padre, recuérdame que diga estas palabras una y otra vez: confío en ti. Amén.

Confía en que Dios te guardará

De este evangelio he sido yo designado heraldo, apóstol y
maestro. Por ese motivo padezco estos sufrimientos. Pero no me
avergüenzo, porque sé en quién he creído, y estoy seguro de que
tiene poder para guardar hasta aquel día lo que le he confiado.
2 TIMOTEO 1.11–12 NVI

❧

Señor, gracias por tu poder para guardarnos y tu compromiso con los que te aman. En un mundo en el que el compromiso y la lealtad no son valorados, es maravilloso saber que tú nunca nos traicionarás. Tú permaneces fiel en cada situación.

Sé que tu siervo Pablo sufrió muchas cosas por su compromiso contigo, pero él sabía en quién había creído y no temía confiar en ti con todo su ser. Señor, no tenemos nada de lo que avergonzarnos al servirte. Ayúdanos a darnos cuenta de que, como creemos en ti, no tenemos que preocuparnos de que puedas olvidarnos o de que puedas poner nuestros pecados en contra de nosotros. Todo lo que te hemos confiado lo guardas sin falta. Tu fidelidad hacia nosotros es grandiosa.

Oro por todos los cristianos de todas partes para que tengan la misma confianza en ti que tuvo Pablo. Danos el coraje para adoptar la misma postura, sabiendo que tú vas a estar ahí siempre por nosotros. Incluso cuando sufrimos por nuestro caminar contigo, haznos valientes por tu espíritu para confiar en ti con todo nuestro ser. Amén.

Gozo inacabable

Hoy es un día consagrado a nuestro Señor; no se entristezcan
porque la alegría del Señor es la fuerza de ustedes.
NEHEMÍAS 8.10 BLPH

Aun cuando la vida se ve confusa e incierta, yo sé en lo más profundo de mi corazón que tú eres quien dices que eres y harás lo que dices que harás… Gracias por esa garantía. Creo en que mi fuerza y mi gozo vienen de ti, Señor. Puedo depender de ti cuando tengo que enfrentarme a pruebas. Convertirás los momentos sombríos y desgarradores en oportunidades para hacerme más fuerte y feliz.

Las tormentas vienen. Los problemas crecen como la mala hierba. La duda y el miedo intentan destrozar mi fe, pero anhelo poner mi esperanza en ti y estar firme contra el mal que quiere destruirme. Amado Señor, a veces es casi imposible mantener mis ojos en ti en lugar de en mis problemas. Podría decir que soy capaz de enfrentarme a lo que pueda pasar, pero no puedo engañarte. Por favor, dame la garantía de que, como te miro a ti, seré fuerte y recibiré la paz que deseas darme. Gracias por estar siempre ahí, siempre listo para tomarme en tus brazos de amor.

Tu poder no tiene límites. Las dificultades que veo inmensas son desde tu perspectiva simples migas que serán barridas. Estás listo con el milagro perfecto para llevar a cabo cada cambio necesario —en mí o en mi situación— tan pronto como me vuelva hacia a ti. ¡Te cantaré alabanzas! Amén.

Amor inmutable

¿Qué Dios hay como tú, que perdona la iniquidad y pasa por alto la rebeldía del remanente de su heredad? No persistirá en su ira para siempre, porque se complace en la misericordia. Volverá a compadecerse de nosotros, hollará nuestras iniquidades. Sí, arrojarás a las profundidades del mar todos nuestros pecados.

MIQUEAS 7.18–19 LBLA

❧ ❧

Señor, cargo con una gran culpabilidad y ansiedad por mis pecados. Me cuesta entender cómo es posible que me ames cuando diariamente hago tantas cosas que tienen que hacerte daño.

Y sin embargo perdonas mis pecados. No estás enojado conmigo ni tienes resentimiento. Arrojaste mis pecados a las profundidades del océano donde nunca más los pueda encontrar nadie. Tú los pisas, machacándolos y convirtiéndolos en algo irreconocible.

Haces esto porque te deleitas en el amor que no cambia. Tu amor por mí no va a cambiar cuando yo cambie o cuando las circunstancias cambien. No te cansarás de amarme ni decidirás que es más fácil dejar de amarme. Tu amor no es cambiante ni está basado en lo que he hecho. Tú no me amas por obligación; de hecho, te deleitas amándome.

Gracias por la inmensa paz y confianza que poseo al saber que no tengo que trabajar por tu amor, ni tengo que tener miedo de perderlo. Amén.

Su mano de ayuda

Así que no temas, porque yo estoy contigo; no te angusties,
porque yo soy tu Dios. Te fortaleceré y te ayudaré;
te sostendré con mi diestra victoriosa.
ISAÍAS 41.10 NVI

❧❧

*P*adre celestial, tu Palabra promete que tu mano nunca se quedará corta para salvarme. Esas veces en las que me siento sola y perdida, tú estás ahí. Me has amado con un amor eterno, y nada puede separarme de ti. Cuando llame, tú responderás. Cuando caiga, tú me levantarás. Cuando me arrepienta, tú eres fiel y justo para perdonarme. En esos días cuando el dolor recibido vence mi corazón, tú me confortas y sanas. Resplandeces con tu luz en mi corazón para borrar la oscuridad.

Hoy rechazo el temor. Pongo mi esperanza y confianza en ti. Da igual lo que el día me depare, tú continuamente me ofreces ayuda. Quiero ser autosuficiente, pero entiendo que tú me creaste para depender de ti. A veces me es difícil pedir ayuda, pero pido ayuda hoy y la acepto. Elijo vivir mi vida acorde al propósito que has puesto en mí. Cuando dude o me sienta consternada, hazme recordar tu presencia; inspírame con tu fuerza. Derrama esperanza sobre mí otra vez. Miro hacia ti. Tú eres de donde viene mi ayuda. Amén.

El arte de recordar

*Alabad a Jehová, invocad su nombre; dad a conocer sus obras
en los pueblos. Cantadle, cantadle salmos; hablad de todas sus
maravillas. Gloriaos en su santo nombre; alégrese el corazón
de los que buscan a Jehová. Buscad a Jehová y su poder;
buscad siempre su rostro.*
SALMOS 105.1–4 RVR1960

Adonai, te doy gracias a ti ante tu trono. Invoco tu
nombre, el nombre que es sobre todo nombre, el
único nombre en el que puedo encontrar verdad y asombroso valor. En medio de mi inquietud, el Espíritu Santo
me recuerda tu brazo extendido. El brazo que sacó a tu
pueblo de Egipto, que devolvió a los exiliados de Ba-
bilonia, que infligió juicio para volver los corazones de
tus hijos hacia ti, y que se hizo carne para rescatar a la
humanidad de su quebrantamiento. Debo recordar tus
acciones para que me muevan continuamente a cantar
tus alabanzas y decirle a todo el mundo cuán maravilloso
eres. Te busco, Adonai, con cada fibra de mi ser, y en mi
travesía recibo gozo. Deseo de tu fuerza, infúndela en mí.
Cuando busco tu presencia, apareces. Oh, pero, Abba,
siempre has estado aquí. Necesito buscarte más, en tus
acciones pasadas y presentes. Ayúdame a buscarte continuamente. Al hacerlo, recuerdo, doy gracias, me glorío y
me regocijo en ti. Amén.

Un corazón sosegado

Venid a mí, todos los que estáis cansados y cargados,
y yo os haré descansar.
MATEO 11.28 LBLA

❧

Ayúdame, Señor Jesús, porque la pena me aplasta el corazón. La confusión me rodea. No importa a dónde vaya, me golpeo contra una pared. Mi vida está envuelta en oscuridad. No veo luz en este túnel de miseria. Esta carga es muy pesada para soportarla yo sola. Sin embargo, ¿es tan pesada como el madero que tuviste que cargar, después de ser azotado y torturado?

En su inagotable compasión, el Padre celestial te ayudó con gracia en ese tiempo oscuro. Simón de Cirene cargó la cruz por ti hasta el Gólgota. ¿Dios me va a dar la misma ayuda a mí?

Ah sí, lo ha hecho.

En tu sufrimiento, me dejaste un ejemplo a seguir. Como tú dejaste la carga del madero a Simón, yo debo dejarte mi carga a ti. Porque por tus heridas estoy curada de mi dolor. Puedo poner tu yugo sobre mí y aprender de ti. Me enseñas a inclinarme a ti en un momento como este. Oh, mi Salvador, toma este peso de mis hombros y no dejes que vuelva a llevarlo.

En tu humilde y amable corazón ofreces alivio a mi alma cansada. Mientras te rindo mis problemas, mi corazón descansa en la comodidad de tu ternura. Gracias, bondadoso Señor, por cargar mi cruz por mí. Amén.

Hermosa a sus ojos

¡Qué hermosa eres, amor mío! ¡Qué hermosa eres!
Tus ojos son palomas entre el velo, y tu pelo, un rebaño
de cabras que baja las laderas de Galaad.

CANTARES 4.1 BLPH

Señor, empleo mucho tiempo intentando tener el mejor aspecto posible, pero no siempre me gusta lo que veo en el espejo. A veces, estoy infeliz por cómo me veo, y me preocupa que otros puedan juzgarme. Me siento mal cuando mis cabellos no están bien peinados o cuando mi ropa no queda como debería. Hay días en los que pienso que soy un desastre.

Muy a menudo me olvido de que tú me has creado y me has hecho hermosa. A tus ojos, no hay días de mal peinado o días de estar gorda. Solo soy yo.

Mi propósito es honrarte, Señor, en todo lo que hago. Las últimas modas, maquillajes, peinados… nada de esto te importa. Es mi corazón lo que ves. Es la hermosa alma que me has hecho ser.

Así que, en esos días cuando la ropa me apriete, o cuando no tenga la energía para arreglarme, ponerme maquillaje y peinarme, recuérdame que sigo siendo bella. Fréname cuando me preocupe por cómo otros puedan verme. Permíteme verme a través de tus ojos y que siempre me guste lo que veo. Amén.

Esperanza intangible

Pero nosotros no somos de los que retroceden para perdición,
sino de los que tienen fe para preservación del alma. Es, pues,
la fe la certeza de lo que se espera, la convicción de lo que no se
ve. Porque por ella alcanzaron buen testimonio los antiguos.
Por la fe entendemos haber sido constituido el universo por la
palabra de Dios, de modo que lo que se ve fue hecho
de lo que no se veía.

HEBREOS 10.39; 11.1–3 RVR1960

❧

Padre, confieso que retrocedo y vuelvo a los pecados que me destruyen y que también destruyen mi confianza en ti. Confieso que deseo complacer a otros más que a ti, y la mayoría de mis buenas acciones las hago para manipular en vez de para tu gloria. Padre, pongo mi desgastado y preocupado corazón en el altar para ti. Para mí es una ofrenda muy pobre, pero para ti es el corazón de tu hija redimida y amada.

Padre, concédeme el coraje para descansar en lo que no conozco, el coraje de confiar en ti, en tu voluntad no revelada, y la fuerza para obedecer cuando nada se ve con claridad. Aunque al mundo le parezca un atraso, te doy gracias porque no conozco el futuro, porque, al no saberlo, confío en ti. Padre, ayúdame a recurrir a ti y a no volver a mis tendencias manipuladoras y destructivas. Tienes el control del mundo visible e invisible; ayúdame a permanecer firme en el conocimiento de tu presencia, gracia, justicia y omnipotencia. Amén.

Él cuida

*Pongan todas sus preocupaciones y ansiedades en
las manos de Dios, porque él cuida de ustedes.*

1 PEDRO 5.7 NTV

❧

*P*adre amado, ¿puedo ser sincera contigo? Me encanta este versículo, es un recordatorio de que cuidas profundamente de mí. Padre, no lo siento de esa manera. A veces parece como si me hubieses olvidado.

Tengo que recordarme a mí misma que los sentimientos son diferentes a los hechos. Mis sentimientos pueden ser influenciados por mi salud, hormonas, incluso por una acción o palabra desagradable. Cuando no me siento bien o alguien hiere mis sentimientos, parece que a nadie le importa. Y eso te incluye a ti.

Pero los hechos son diferentes. Los hechos no pueden cuestionarse. Y, puesto que sé que tus palabras son verdad, tengo la certeza de que cuidas de mí. También sé que me amas más que a tu misma vida, tienes buenos planes para mí y nunca me vas a abandonar. Tengo confianza en que, cuando me deleite en ti, cuando piense en ti y confíe en ti completamente, me vas a conceder los deseos de mi corazón.

Ayúdame a confiar en tus tiempos, Señor. Solo porque no vea las respuestas a mis oraciones ahora mismo, no significa que no me vayas a responder. Y solo porque las cosas no me vayan bien, no significa que no te importe. Sé que te importo, sé que me amas, y sé que estás ordenando las cosas en mi vida para un buen propósito.

Confío en ti y en tus cuidados por mí. Amén.

Dios nos ama incondicionalmente

*No por ser vosotros más que todos los pueblos os ha
querido Jehová y os ha escogido, pues vosotros erais el más
insignificante de todos los pueblos; sino por cuanto Jehová os
amó, y quiso guardar el juramento que juró a vuestros padres,
os ha sacado Jehová con mano poderosa, y os ha rescatado de
servidumbre, de la mano de Faraón rey de Egipto.*
DEUTERONOMIO 7.7-8 RVR1960

Señor, me llena de alegría que no eligieras amar solo
a ciertas personas. Si lo hubieras hecho, podría
no estar a la altura (yo y otros como yo). No soy rica,
hermosa ni famosa, y a pesar de todo me has amado lo
suficiente para enviar a tu Hijo para morir en mi lugar.
Tú amaste a los israelitas a pesar de que eran esclavos en
Egipto. Amaste al apóstol Pablo a pesar de que torturó
y sentenció a numerosos cristianos antes de conocerte.

Los versículos 7 y 8 de Deuteronomio 7 me dicen
que tú no elegiste a los israelitas porque fueran una gran
nación; eran el menor de todos los pueblos. Los liberaste
porque los amabas.

Ayúdame a darme cuenta de la bondad de tu amor
incondicional por mí. Sin tu amor, no sería nada. Te alabo porque tú me amaste cuando no tenía valor y me hiciste miembro de tu familia.

Padre, ayúdame a mostrar a otros tu amor incondicional. Amén.

Fuerza y escudo

El Señor es mi fuerza y mi escudo;
mi corazón en él confía; de él recibo ayuda.
SALMOS 28.7 NVI

❧

Amado Padre, a veces es más fácil confiar en ti en las grandes cosas. Confío en que puedo conducir hasta el supermercado segura; sé que me protegerás, y, si muero, pasaré la eternidad contigo. Confío en que no me va a caer un rayo. También confío en que estarás atento a mis necesidades de comida y abrigo. Pero, Padre, a menudo las cosas que me producen ansiedad y me parten el corazón ni siquiera son cosas: son personas.

Me preocupa que mi hija adolescente siempre me vaya a detestar. Me preocupa que mi hijo no vaya a tomar buenas decisiones. Me preocupa que la gente pueda decir o hacer cosas que me dañen. Las relaciones, Padre… eso es lo que me produce más ansiedad.

Pero tú eres mi fuerza, Padre, en cualquier situación. Me haces fuerte emocionalmente para poder manejar con gracia y amor los comentarios desagradables y las acciones que me dañan. Tú eres mi escudo, lo que significa que aun cuando vengan las dificultades me protegerás para que no me destruyan. Sé que me vas a ayudar en cada situación. Confío en ti, Señor. Cuando me empiece a preocupar por cosas que todavía no han sucedido, recuérdame tu bondad. Cuando esté intranquila por mis relaciones, ayúdame a confiar en ti, confiar en tu tiempo y aferrarme al escudo que prometiste darme. Amén.

Esperanza

Y no sólo esto, sino que también nos gloriamos en las
tribulaciones, sabiendo que la tribulación produce paciencia;
y la paciencia, prueba; y la prueba, esperanza; y la esperanza
no avergüenza; porque el amor de Dios ha sido derramado en
nuestros corazones por el Espíritu Santo que nos fue dado.

ROMANOS 5.3–5 RVR1960

❧

*P*adre, hay veces en las que mi única esperanza está
puesta en tu soberanía. No me quitas el dolor, pero
me das esperanza, y la esperanza no avergüenza. No debo
escuchar las mentiras que dicen que no hay salida, que
no hay solución. En Lamentaciones 3.25, dices: «Bueno
es el Señor con quienes en él confían, con todos los que
lo buscan» (NVI). Tú eres bueno, porque eres inmutable.
Nada te influye, sino que todo es influido por ti.

No puedo instalarme en verdades sencillas que al-
maceno en el fondo de mi mente y se acaban convirtien-
do en mito. Debo morar y esperar en tu verdadero carácter: tú eres amor, eres infinito, todopoderoso, compasivo
y justo. Esos son algunos de tus atributos. Job dice: «aunque él me matare, en él esperaré» (RVR1960). Confío en
que vas a cumplir tu promesa de bondad. ¡Quiero aferrarme al testimonio y la belleza de Jesucristo!

Señor, confieso este pecado de orgullo con el que me
considero superior. Perdóname y rompe este corazón crí-
tico. Me has bendecido con la oportunidad de alcanzar y
conectar con aquellos que están sufriendo, pero necesito
de tu coraje y fuerza para actuar. Ayúdame a someterme
y a caminar contigo a través de estos tiempos difíciles.
Amén.

Preocupación frente a fe

Por eso les digo: No se preocupen por su vida, qué comerán o
beberán; ni por su cuerpo, cómo se vestirán. ¿No tiene la vida
más valor que la comida, y el cuerpo más que la ropa?
MATEO 6.25 NVI

Señor, es muy fácil entregarte mis preocupaciones y luego actuar como si siguieran siendo mías. Aunque sé que soy incapaz de cambiar nada y que lo más eficaz que puedo hacer es orar, sigo preocupándome. Gracias, Señor, por mostrarme una y otra vez las ganas que tienes de cuidarme. Por favor, perdóname por dudar, o por pensar que podrías no estar interesado en mí.

Sé que eres poderoso, así que, cuando dudo, lo que realmente cuestiono es tu amor. Y aun así sigues vertiendo tu bondad en mí. Seguramente te decepcione con mi falta de fe, pero tú no te das por vencido conmigo.

La Biblia dice que tú nos das una medida de fe (Ro 12.3). Estoy segura de que tu medida no es poca, así que te pido que me ayudes a estar lista para aceptar todo lo que tienes para mí. Si lleno mi vida con preocupación, no queda sitio para la fe que tienes para mí. Quiero estar tan deseosa por recibir tus buenas dádivas como tú lo estás por dármelas. Sostengo mi vasija vacía y te pido que la llenes a rebosar de tu fe, para así creer que lo tienes todo bajo control. ¡Eres maravilloso! Amén.

Cristo ha vencido

Estas cosas os he hablado para que en mí tengáis paz.
En el mundo tenéis tribulación; pero confiad,
yo he vencido al mundo.

JUAN 16.33 LBLA

❧❧❧

Señor, perdóname cuando busco paz en cualquier otra cosa que no seas tú. Solo en ti está el lugar donde puedo tener paz duradera. Pero tú no prometes una paz que ofrece evitar cualquier prueba o dificultad. De hecho, en este versículo tú me dices que tendré tribulación. Esté mundo tendrá inevitablemente angustia, daño, pesar, ansiedad y dificultades.

Pero tú has vencido al mundo.

¡Qué verdad tan increíble! No necesito preocuparme cuando me enfrento a luchas que parecen insuperables, porque tú ya has luchado la batalla y has vencido. Puedo venir a ti con mis angustias y mis preocupaciones, confiada de que no son rivales para ti. Ninguna circunstancia y ningún enemigo en esta tierra es demasiado poderoso para ti. Tú ya has vencido a todo lo que este mundo me puede arrojar.

Esto es verdadera paz: tener completa confianza en que tú eres el gobernante victorioso de este mundo. Haz que pueda cobrar ánimo con esta idea y vivir mi vida a la luz de tu victoria. Traigo ahora todas las cosas que me han causado ansiedad y tristeza, y las dejo a los pies del Rey. Amén.

Todo de ti

*Fíate de Jehová de todo tu corazón, y no te apoyes
en tu propia prudencia. Reconócelo en todos tus caminos,
y él enderezará tus veredas.*

PROVERBIOS 3.5–6 RVR1960

∽ঙ

Señor, tú nunca me vas a fallar. ¿Por qué pienso que
puedo resolver las cosas yo sola? ¿Por qué pongo
mi esperanza en la gente? ¿Por qué busco sabiduría y
comprensión en ellos? Perdóname. Tú tienes todas las
respuestas que necesito. Tú eres la sabiduría que busco y
la comprensión que deseo. Tienes un plan y un propósito: para mi día, para mi año, para mi vida.

Tú eres todo lo que necesito. Has puesto un camino
ante mí y me has dado el mapa. La dirección que necesito para mi vida y mi futuro descansa en el estudio de
tu Palabra, en el tiempo orando contigo y en la decisión
de seguir tu paz en mi corazón. Mi corazón nunca será
engañado mientras te siga. Me niego a perderme en mis
propios planes o haciendo las cosas a mi manera. Dame
tu perspectiva. Llévame a un lugar más alto para que
tenga una imagen más completa de ti y de a dónde me
estás llevando. Hoy te reconozco y daré testimonio de la
verdad de que todo lo que soy y todo lo que tengo tú lo
has hecho posible por tu gracia. No es por nada que haya
hecho, es por todo lo que tú hiciste. Amén.

Amor que echa fuera el temor

En el amor no hay temor, sino que el perfecto amor echa fuera el temor; porque el temor lleva en sí castigo. De donde el que teme, no ha sido perfeccionado en el amor. Nosotros le amamos a él, porque él nos amó primero.
1 JUAN 4.18–19 RVR1960

*D*ios, Amor sobreabundante, esta mentalidad perturbadora que me carga no surge de un corazón preocupado, sino del temor. Temor de poder dejar algo sin hacer, temor de no ser adecuada, temor a decepcionarte. Gracias por revelarme esto. Ahora sé que el siguiente paso es deshacerme de eso. Guíame a través de las situaciones en las que pueda ver claramente tu amor rompiendo barreras hechas por el hombre y superando las injusticias. Permíteme amar y servir valientemente, no por mi propio poder, y no para cumplir con mi propia visión limitada. Aliéntame por el amor eterno, que es perfecto —en mente, voluntad y acción— y que infunde tu fuerza a los fieles. Limpia mi corazón de culpa y purifícame de mi temor. Te pido que las profundamente bellas e incomparablemente buenas noticias de Jesús me ayuden a entender más a fondo tu gracia. Que no ande en el temor del castigo, sino en el gozo de la misericordia vivificadora. Señálame cada día el precio que Cristo pagó. Perfeccióname, así podré reflejar la imagen de mi Padre y luchar contra los temores de mi corazón, y de los corazones de otros, con tu amor. Amén.

Un corazón protegido

En paz me acostaré y así también dormiré;
porque sólo tú, SEÑOR, me haces habitar seguro.
SALMOS 4.8 LBLA

❧❧❧

Amado Dios, cuando me acuesto en la cama por la noche, mis pensamientos me mantienen despierta. Los problemas del día repasan la lista de las tareas pendientes, una a una. ¿He terminado mis tareas? ¿Me he olvidado de algo o alguien con la prisa de mis asuntos?

Un ruido afuera me asusta, cambiando mis pensamientos hacia el peligro. ¿Están las puertas y las ventanas cerradas? No tengo por qué asustarme. Es solo el viento sacudiendo los árboles.

Suenan sirenas en la distancia. ¿Bomberos? ¿Están activados los detectores de humo? ¿O esas sirenas son de una ambulancia? ¿Ha tenido un accidente o se ha puesto muy enfermo algún amigo o familiar?

Señor, estas preocupaciones no vienen de ti, vienen del enemigo. Tú sostienes mis días y noches en tus manos poderosas. Sé que «fiel es el Señor quien os fortalecerá y protegerá del maligno» (2 Ts 3.3, LBLA).

En ti tengo la protección que necesito contra esas indirectas irritantes que me lanzan. Ayúdame a poner los ojos en ti y no en el alboroto que me rodea. Solo entonces «me acostaré y así también dormiré, porque sólo tú, Señor, me haces habitar seguro».

Gracias, Dios fiel, por confortar mi corazón angustiado con la seguridad de tu protección.

En el nombre de Jesús. Amén.

Cuando es difícil esperar

Pero muy pronto olvidaron sus acciones
y no esperaron a conocer sus planes.
SALMOS 106.13 NVI

❧❧❧

Señor, por fe sé que no importa lo que tenga por delante, tú ya estás ahí. Te has adelantado para prepararlo todo para mi llegada. Pero soy como una niña pequeña. Quiero saber lo que tienes planeado para mí. Quiero romper el papel de embalaje y saber qué hay dentro.

«Espera —me dices—. No es el momento».

Pero, Señor, quiero saberlo. Quiero saberlo ahora mismo. La impaciencia es mi enemigo. Cuando oro y te pido por algo, espero la respuesta inmediatamente. Cuando no me la das, me inquieto y me desanimo. Te pregunto: «¿Por qué no me das lo que te he pedido? ¿Por qué me haces esperar?».

Soy pésima esperando, y necesito tu ayuda con eso. Por favor, enséñame a esperarte pacientemente. Sé que la paciencia equivale a paz y, oh, qué bendición sería poder esperar pacientemente a que actúes. Señor, mantén mis pensamientos fijos en tu bondad y en todo lo que has hecho por mí. Llena mi corazón con esperanza. Dame una actitud de gozosa expectativa. Refuerza mi fe en tus tiempos. Nunca me has decepcionado, y sé que vas a responder a mi oración; quizá no ahora, pero sí en el tiempo adecuado. Amén.

Cuán variable

Y él es la cabeza del cuerpo que es la iglesia,
él que es el principio, el primogénito de entre los muertos,
para que en todo tenga la preeminencia.
COLOSENSES 1.18 RVR1960

❦

Padre, ¿vivo en el profundamente arraigado conocimiento de que tú controlas todas las cosas? En este versículo hay algunas de tus verdaderas características, las fibras de tu ser: tú eres el principio, el vencedor de la muerte, existes en todo lugar y no hay nada fuera de ti. Yo pongo mi esperanza y confianza en toda clase de cosas volubles, como la medicina, la ciencia, el dinero o yo misma.

Señor, no hay nada en esta tierra que me proteja, excepto tú. Si tú reinas sobre todas las cosas y has dispuesto un recorrido para mi vida, tú eres el único protector de mi vida y mi alma. Señor, ayúdame a acudir a ti con las «pequeñas» cosas: ¿qué regalo debo hacerle a una amiga o a un ser querido?, ¿debo presentarme voluntaria para ese evento?, ¿es adecuado quedarme hasta tarde y avanzar en mi trabajo? Todas estas decisiones las tomo por mí misma porque me parecen insignificantes, pero tú compraste mi vida con la tuya; por tanto, nada es insignificante para ti.

Padre, revélame las cosas variables en las que pongo mi confianza y ayúdame a acudir a ti con mis «pequeñas» oraciones y preguntas. Cuando arrecia la tormenta, los pequeños momentos y las pruebas breves aseguran mi confianza en ti. Gracias por ser un Dios firme. Gracias porque no eres variable y no puedes negar tu santidad y justicia, ni tu compasión. Amén.

Confianza completa

Busqué al SEÑOR, y él me respondió;
me libró de todos mis temores.
SALMOS 34.4 NVI

❧ ❧

*P*adre amado, he orado, pero sigo sintiendo angustia y temor. Espero tu respuesta y, mientras espero, me preocupo.

Supongo que en esto hay una lección. Sé que, aunque te ocupas de mis circunstancias, te interesas más por mi alma. Cuando no respondes inmediatamente, como yo quiero que respondas, estás tratando de enseñarme algo. En este caso, creo que puedes estar enseñándome a confiar en ti.

Para confiar de verdad, tengo que sosegarme. Tengo que creer de corazón que lo estás llevando todo a cabo de la mejor manera, hacia un final mucho mejor de lo que to podría figurarme en mi mente humana. Cuando intento escribir mi plan de resolución de problemas y luego darte instrucciones para que ejecutes mi plan, limito mis opciones.

Ayúdame a traerte mis problemas, pero no mis soluciones. Ayúdame a dejar realmente todas mis preocupaciones en ti y permitirte que las soluciones mientras yo vivo tranquila y serenamente. Sé que la ansiedad es lo contrario de la confianza, así que ayúdame, Señor. Ayúdame a confiar en ti. Sé que cuando creo que estás obrando activamente para cuidar de mí y de mis problemas, mi temor se disipa. No es mediante oraciones repetitivas, sino mediante una completa y total confianza como llego a ser libre. Amén.

Descansa en el Señor

Guarda silencio ante Jehová, y espera en él.
No te alteres con motivo del que prospera en su camino,
por el hombre que hace maldades.
SALMOS 37.7 RVR1960

❧ ❧

Señor, perdóname cuando me irrito por lo que otros están haciendo, por lo que están logrando en sus vidas y por su aparente prosperidad. Ayúdame a no señalarlos y decir: «Están prosperando a pesar de su maldad». Confieso que a veces es difícil ignorar el hecho de que trabajo mucho más duro que ellos y parecen ser ellos los que van por delante.

Muéstrame cómo dejar ese sentimiento y descansar en ti, Señor. Aparta mis ojos del mundo y de su definición de éxito. Ayúdame a fijar la mirada en ti. Permíteme ver lo que tú quieres que lleve a cabo y qué quieres que yo sea para tu gloria, no para la mía. Ayúdame a descansar en ti hasta que encuentre mi lugar en tu voluntad.

Esperar pacientemente mientras aprendo a descansar es algo difícil de hacer. Tengo que atravesar la frustración y la aflicción para llegar a ese punto. Pero, para ser lo que tú quieres que yo sea, enséñame cómo esperar pacientemente. Sé que me ayudarás a superarlo.

Perdóname, Señor, por poner la mirada en aquellos que, al final, emplean malas estratagemas. Ellos no son mi ejemplo. Lo eres tú. Amén

Siempre serás el mismo

Mediten en cómo han terminado sus vidas, y sigan el ejemplo de su fe. Jesucristo es el mismo ayer, hoy y siempre.
HEBREOS 13.7–8 DHH

❧

Gracias, Señor Jesús, porque, aun cuando las circunstancias cambian y mi propio corazón fluctúa a menudo, tú siempre eres el mismo. Tu inagotable e incondicional amor por mí nunca cambia. ¡Es increíble! A veces ni siquiera a mí me gusto, pero tú perdonas mis actitudes necias, mi egoísmo y mis tambaleantes caminos. Gracias, Señor.

Tú no esperas hasta que demuestre mi lealtad o muestre que puedo vencer las tentaciones. A veces me avergüenzo por la forma en que trato a otros, las cosas que digo y mi falta de fe, pero no tengo que alcanzar grandes logros para que tú me ames. Cuando me comporto como una niña consentida, tú me amas. Cuando digo cosas desagradables, tú me amas. No puedo comprender un amor así; solo puedo alabarte. ¡Eres asombroso!

Te entrego cada parte de mi ser, Señor, sabiendo que solo en la medida en que dependa de tu inmutable amor y gracia comenzaré a ser más como tú. Te abro mi vida. Lléname hasta rebosar con tu Santo Espíritu para que otros puedan ver su amor constante en mí.

Yo podría cambiar mi comportamiento un tiempo, pero no puedo rehacerme. Solo tú puedes crear un corazón nuevo en mí que sea estable y firme en medio de las vicisitudes de la vida. ¡Eres maravilloso! Amén.

No temas

No temas, porque yo estoy contigo; no te desalientes, porque
yo soy tu Dios. Te fortaleceré, ciertamente te ayudaré,
sí, te sostendré con la diestra de mi justicia.

ISAÍAS 41.10 LBLA

❧ ❧

Señor, no tengo razones para temer, porque tú estás
conmigo. Estás siempre presente a mi lado para
guiarme y protegerme. Las cosas de este mundo que me
causan temor no son más poderosas que tú ni están fuera
de tu control.

No tengo que mirar ansiosa a mi alrededor buscando ayuda de ningún otro lugar, porque tú eres mi Dios.
Guárdame de poner otras cosas como dioses en mi vida.
Nada ni nadie aparte de ti puede darme la paz, resistencia y
poder que necesito para afrontar el día. En lugar de mirar a
mi alrededor y concentrarme en las cosas que me agobian,
quiero fijar la mirada firme e inalterablemente en ti.

Gracias por este maravilloso recordatorio de que me
fortalecerás y me ayudarás. Te pido, Dios Todopoderoso,
esa fuerza y ayuda que necesito en este momento para
afrontar los días y semanas que me esperan.

Ayúdame a descansar segura en la certeza de que
estoy firmemente asentada en tus manos.

En verdad, no tengo razones para temer contigo a
mi lado, siendo mi Dios, fortaleciéndome, ayudándome
y sosteniéndome en tus manos. Amén.

Seguir el Espíritu de Dios

Pues aunque andamos en la carne, no militamos según la carne;
porque las armas de nuestra milicia no son carnales, sino poderosas
en Dios para la destrucción de fortalezas, derribando argumentos
y toda altivez que se levanta contra el conocimiento de Dios,
y llevando cautivo todo pensamiento a la obediencia a Cristo.
2 Corintios 10.3–5 rvr1960

❧

*P*adre celestial, me has creado a tu imagen para ser guiada por el espíritu. Una vez entregué mi corazón a ti, ya no me gobernaba mi cuerpo, sino mi ser interior. Estoy conectada a ti: Espíritu con espíritu. Tú me diriges; guíame, elijo seguir tus caminos. Vivir según la carne es fácil, es un hábito. Optar por que me dirija mi espíritu requiere más esfuerzo, pero es el camino por donde debo ir. Es así como quiero vivir para ti. Perdóname cuando caigo en los hábitos de mi vida antigua, cuando mi vieja naturaleza se pone dramática y pido mi propio camino. Soy espíritu; vivo en un cuerpo. Tú has creado mi cuerpo para que siga la dirección de mi espíritu.

Ayúdame a recordar: la carne alimenta a la carne y el espíritu alimenta al espíritu. ¡Dirígeme, guíame y enséñame! Puedo dejarme llevar y responder emocionalmente a las circunstancias que me rodean, o puedo elegir tu camino y responder dejando que mi espíritu me guíe a la paz, a tu paz. Pongo en ti mi corazón y mi mente. Elijo tu paz. Amén.

Guiados a la paz

Entonces las iglesias tenían paz por toda Judea, Galilea y Samaria; y eran edificadas, andando en el temor del Señor, y se acrecentaban fortalecidas por el Espíritu Santo.
HECHOS 9.31 RVR1960

❧ ✿ ❧

Dios del orden, tu paz va realmente más allá de los límites de mi entendimiento. Lucas cuenta la persecución de los creyentes, sobre todo de Pablo, el antiguo Saulo, en el libro de Hechos, y escribe que, como resultado de eso, la iglesia tenía paz. Sus vidas estaban amenazadas, los perseguían por todas partes, ¡y sin embargo tenían paz! ¿Cómo es posible? Abba bueno y poderoso, tú nos muestras que es la fe en tu soberanía la que les dio paz y sigue dándola a los creyentes angustiados y temerosos de hoy. La única manera saludable de lidiar con la hostilidad y la incertidumbre es dejarnos guiar por tu paz. Gracias porque la figura de tu Hijo es la fuente y sustento de esta paz, que edifica a tus hijos como personas y a tu iglesia como colectivo. Ayuda a tu pueblo a andar, como Jesús, en obediencia a tu bondad y en el gozo que tú provees por medio del Consolador, el Espíritu Santo. Moldea mansedumbre en tus hijos, porque, como tú le revelaste al rey David, son los mansos los que recibirán tu herencia y «se recrearán con abundancia de paz» (Sal 37.11 RVR1960). Que entonces brote la alabanza de nuestros labios mientras vemos a la familia crecer en número y en semejanza a ti. Amén.

Un corazón satisfecho

¿Y quién de vosotros, por ansioso que esté, puede añadir una
hora al curso de su vida? Y por la ropa, ¿por qué os preocupáis?
Observad cómo crecen los lirios del campo; no trabajan,
ni hilan; pero os digo que ni Salomón en toda su gloria
se vistió como uno de éstos.
MATEO 6.27–29 LBLA

❧

Amado Dios, tengo luchas con la ansiedad cuando mi sueldo se queda corto. El exceso de obligaciones de pago supera mi salario. Lo estiro al máximo para que alcance para mis gastos mensuales de hipoteca, agua, luz y comida. Necesito arreglar o cambiar mi vestuario. La despensa está casi vacía. Mi auto de catorce años necesita ruedas nuevas. ¿Me angustio por que se acorte mi vida laboral? ¡Que eso no pase!

Sonrío cuando veo florecer algunas plantas aquí al lado, y recuerdo que dijiste que no me preocupara por esas cosas. Tú vistes de hermosura a las flores, haces que sea abran con gran colorido y les das sus nutrientes. No dudo que suplirás mis necesidades. Siempre lo haces.

No me prometiste inmunidad a las pruebas. Pero prometiste cuidar de mí. Tu provisión puede venir mediante la mano de un amigo o un pariente. Puedes sorprenderme con el regalo benevolente de un extraño. En ocasiones especiales, es algo tan milagroso como regar un jardín con una gota de lluvia.

En tiempos e necesidad o abundancia, digo con el apóstol Pablo: «He aprendido a contentarme cualquiera que sea mi situación» (Fil 4.11 LBLA)

Padre, tu provisión en toda circunstancia llena mi corazón de satisfacción. Amén.

Respira

¡Que todo lo que respira alabe al Señor!
¡Aleluya! ¡Alabado sea el Señor!
SALMOS 150.6 NVI

Padre amado que estás en los cielos, cuando la angustia me atrape, enséñame a respirar. Enséñame a inhalar, despacio y hondo. Con cada respiración, permíteme llevarte más adentro en mi corazón. Limpia todas las penas que hay en él y renuévame con tu amor infinito.

Padre, cuando nací me diste el aliento de la vida. Insuflaste en mí toda tu bondad y el potencial para vivir mi vida libre de aflicciones. Me diste tus Escrituras para enseñarme y sustentarme. ¿Y cuántas veces has insuflado tu Santo Espíritu en mi alma atribulada para aliviarme y arreglar las cosas?

Ahora necesito recordar y respirar. Necesito acordarme de inhalarte y permitirte que me tranquilices. Cada vez que respire te alabaré. Mantendré en mi mente que tú tienes el control de mi afanado corazón y que en él no hay lugar para la preocupación o el temor.

Ven ya, Espíritu Santo, y concédeme tu paz. Inhalo tu presencia. Exhalo las preocupaciones. Inhalo el amor de Dios. Exhalo el temor.

¡Oh, Padre celestial, tú me llenas! Tú echas fuera mis pensamientos de angustia. Te alabo por cada respiración profunda y purificadora. Te alabo por darme la vida. Sé que me darás tranquilidad, si simplemente me acuerdo de respirar. Amén.

Tranquila, no hagas nada

Jehová peleará por vosotros, y vosotros estaréis tranquilos.
ÉXODO 14.14 RVR1960

❧❧❧

Hoy, en esta época en que todo se hace con tanto estrés, me cuesta hacerme a la idea de no hacer nada. Señor, ¿de verdad que das este mandamiento en momentos de lucha? Esperar en tu voluntad y tu tiempo es una de las tareas más difíciles.

Tengo que recordar tu poder y fuerza. Tú creaste hasta los átomos del suelo que piso, y confieso que muchas veces voy creando caos a mi paso cuando lo que procuro es orden. Señor, la idea de dejar mis planes y obedecer tu voluntad me asusta. Cuando me llamas a salir de mí misma y perdonar o confiar, eso desgarra mi orgullo egoísta, se lleva mis deseos amargados y limpia los canales de mi corazón. Tengo que confiar en que las tareas más duras y agotadoras que me das producirán más fruto y me acercarán más a ti. Saber que el Dios del universo combate por mí, una pecadora sin méritos, me deja atónita.

Señor, gracias por pelear las batallas dentro de mi corazón y fuera de mí. Cambia mi corazón, Señor; ayúdame a obedecer tus mandamientos y confiar en tu plan. Que tu Espíritu me lleve a guardar silencio y escuchar tu instrucción. Señor, dame valor para dejar estos temores a tu cuidado y estar firme en el hecho de que tú pelearás por mí. Amén.

Guerreros angélicos

El ángel del Señor acampa en torno a los que le temen;
a su lado está para librarlos.
Salmos 34.7 NVI

❧❧

*P*adre amado, es reconfortante saber que tus ángeles acampan a mi alrededor. Sé que me protegen. Pero hacen más que eso. A una orden tuya, me liberarán de cualquier prueba que pueda venir.

Cuando estoy desanimada, sé que tu Espíritu Santo me anima. Me ayuda a imaginarme a esos ángeles alentándome, mientras me rodean con sus armaduras listos para la batalla. «¡Adelante! ¡Puedes hacerlo! ¡Ten ánimo y sé fuerte!». O tengo que luchar sola contra el mundo. Y el pensamiento de que «acampan» alrededor de mí me informa de que han venido para quedarse. No tienen pensado abandonarme.

Estoy confiada en que, me enfrente a lo que me enfrente, me harás superarlo. Tus ángeles pelearán para mantener mi cuerpo, mi mente y mis emociones a salvo y con fuerza. Aunque la vida, por supuesto, producirá algunas cicatrices, no seré destruida. Puedo avanzar, sabiendo que estoy segura y protegida bajo tu cuidado. Puedo enfrentarme a lo que venga, convencida de que cuando todo haya pasado me alzaré victoriosa.

Gracias por este recordatorio de que nunca estoy sola. Tengo tu Espíritu Santo ayudándome y tus ángeles vigilando. Cuando sienta desánimo o miedo hoy, recuérdame esa imagen de tus ángeles alrededor de mí protegiéndome. Amén.

El trono de gracia

Acerquémonos, pues, confiadamente al trono de la gracia, para alcanzar misericordia y hallar gracia para el oportuno socorro.

HEBREOS 4.16 RVR1960

❧

Señor, ¿por qué es tan difícil desprenderse de los problemas y entregártelos a ti? Sé que el lugar donde deben estar es en tus manos poderosas. Voy cargando con mis problemas, afligida por ellos, cuando todo lo que necesito es acercarme al trono. Tú estás ahí, listo y esperando, para quitar el peso de mis hombros y hacerme descansar de mis cargas.

Señor, dame por tu Espíritu Santo la confianza para acercarme a ti. Ayúdame a no sentirme como una intrusa. Tu sacrificio en la cruz ha posibilitado la entrada al Lugar Santísimo y el poder hablar contigo personalmente. No hay necesidad de nadie más.

Señor, recibo la misericordia que tan generosamente me ofreces. Ayúdame a mostrar misericordia hacia los demás como la has mostrado tú hacia mí.

En ocasiones, la vida se vuelve agotadora y quisiera detenerme y descansar, pero no hay tiempo. Señor, ayúdame a procurar la gracia para pasar los tiempos difíciles y acabar el trayecto. Señor, ayúdame a extender la gracia a otros, incluso a los que me parezca que no la merecen. Tampoco yo la merezco, pero tú has provisto una generosa porción de ella solo para mí.

Gracias, Señor, por los dones de la confianza, la gracia y la misericordia, y por el privilegio de venir a ti. Amén.

El poder de Cristo en mí

Pero él me dijo: «Te basta con mi gracia, pues mi poder se perfecciona en la debilidad.» Por lo tanto, gustosamente haré más bien alarde de mis debilidades, para que permanezca sobre mí el poder de Cristo.

2 Corintios 12.9 nvi

❧❧❧

Quiero ser fuerte y capaz, para vencer todos mis temores y batallas, pero la verdad es que solo soy victoriosa cuando dependo de ti, Señor. Tu gracia siempre es suficiente. Tú me enseñas a amar a los demás, incluso a mis enemigos. Me dices que perdone a quienes me tratan indebidamente o dañan a alguien que amo. No puedo hacer eso sola. Gracias por la gracia que perfecciona mi debilidad.

Me asombra la idea de tu poder residiendo en mí, Jesús. Deseo entender esa verdad, pero primero sé que tengo que dejar de depender en mis propias fuerzas. ¿Puedo gloriarme en mi debilidad? Solo cuando me doy cuenta de que no puedo manejar esta vida sin tu gracia.

Poco a poco, descubro la libertad de que puedo disfrutar cuando dejo de hacer las cosas sola. A veces no puedo evitar pensar que tengo que ganarme tu gracia o que la merezco por mis acciones. Me has dado mucho, Señor, pero nada es realmente mío. A medida que aprendo a ser una buena administradora de los dones que concedes, entiendo más sobre cuán preciosa es tu gracia. ¡Gracias! Amén.

Dios es por nosotros

Entonces, ¿qué diremos a esto? Si Dios está por nosotros,
¿quién estará contra nosotros? El que no eximió ni a su propio
Hijo, sino que lo entregó por todos nosotros, ¿cómo no nos
concederá también con Él todas las cosas?

ROMANOS 8.31–32 LBLA

❧❧

Señor, qué asombroso pensamiento es que tú, el Creador y Sustentador del universo, estés *por mí*. ¿Quién podrá hacer nada contra mí contigo de mi lado? No puede ocurrirme nada que esté fuera de tu voluntad. Aun las experiencias más difíciles y angustiosas las redimirás y las usarás para mi bien y para tu gloria, porque estás *por mí*.

Señor, me amaste tanto que diste la vida de tu Hijo por la mía. No puedo comprender esta clase de amor en toda su dimensión. No lo merezco. Mi gratitud está lejos de ser suficiente. No obstante, tú sigues derrochándolo en mí. A la luz de este inmenso e inexplicable amor, quiero tener la confianza de traerte a ti todos y cada uno de mis deseos e inquietudes. Si me amas tanto, estoy segura de que quieres que acuda a ti y tenga una relación más estrecha contigo.

Puesto que me has amado tanto como para entregar a tu Hijo por mí, puedo estar confiada en que nada que hagas será en detrimento mío. Aun cuando no entienda cómo pueden redundar en mi bien y para tu gloria ciertas circunstancias de mi vida, concédeme la fe que necesito para perseverar y confiar en ti. Amén.

Ayuda mi incredulidad

—¿Cómo que si puedo? Para el que cree, todo es posible.
—¡Sí creo! —exclamó de inmediato el padre del muchacho—.
¡Ayúdame en mi poca fe!
MARCOS 9.23–24 NVI

❧❧

*S*eñor, creo en ti y sé que eres real. Aun cuando no puedo verte, experimento tu presencia y sé que estás conmigo. Gracias por la medida de fe que me has dado. Gracias por las muchas maravillas que has hecho en mi vida. Gracias por salvarme de todas las cosas de las que necesito ser salvada día a día.

Sé que puedes hacer milagros. El hecho de que esté yo en este mundo y viva para ti es un milagro. En ocasiones me pierdo en mis pensamientos tratando de imaginarme cómo vas a cambiar las cosas que me rodean, cómo vas a responder a mi oración y entregarme tu promesa. Mi entendimiento es muy limitado, pero, a medida que paso tiempo contigo en oración y estudiando tu Palabra, aumentan mi conocimiento y comprensión.

Tú dijiste que todo es posible, que solo tenemos que creer. Por tanto, creo; quiero creer. Cuando dude o trate de racionalizarlo todo, ayuda mi incredulidad. Tú puedes, y no me corresponde a mí comprender cómo. Perdóname y ayúdame a confiar en ti. Dejo ahora mismo en tus fieles manos las dificultades que estoy afrontando. Amén.

Oración al Dios de mi vida

¿Por qué te abates, oh alma mía, y te turbas dentro de mí?
Espera en Dios; porque aún he de alabarle, Salvación mía y
Dios mío. Dios mío, mi alma está abatida en mí; Me acordaré,
por tanto, de ti desde la tierra del Jordán, y de los hermonitas,
desde el monte de Mizar.

Salmos 42.5–6 rvr1960

❧

uerza de mi salvación, me aferro a ti en busca de fortaleza. Clamo desde la frustración, como los hijos de Coré en el salmo 42: «¿Por qué te abates, oh, alma mía?». Dios no se ha ausentado de su trono celestial. ¿Por qué permito que esta agitación crezca en mi interior? Dios no es menos poderoso que cuando sacó a sus hijos de la esclavitud en Egipto, proveyó ejércitos de ángeles para luchar junto a su pueblo o venció al pecado para darnos una vía de rescate para la creación. Sin embargo, hay quien se burla diciendo: «¿Dónde está tu Dios?». Mi alma tiene sed de ti, del Dios vivo, pero mis lágrimas han sido todo mi alimento. Desde lo profundo de la tristeza clamo a ti. Mi esperanza está solo en ti. Oye mi súplica. Te alabo porque tú oyes y tu gracia sana. En palabras de Martín Lutero: «Pongo mi confianza en ti, Señor, y no en mis propios méritos. En ti reposará mi alma; tu Palabra sostiene mi espíritu desfalleciente. Tu prometida misericordia es mi fortaleza, mi consuelo y mi dulce sustento». Buen Pastor, tu pueblo mira a la esperanza de la libertad final del pecado y la tristeza. Amén.

Un corazón confiado

En Dios he confiado, no temeré.
¿Qué puede hacerme el hombre?
SALMOS 56.11 LBLA

❧ ❧

*P*adre Dios, «confío en ti» son tres de las palabras más estimulantes (y, no obstante, aterradoras) que podemos decirnos unos a otros. Cuando confiamos en otros para que se ocupen de nuestras circunstancias, les damos el control y oramos para que escojan las opciones correctas. Una mala decisión podría acarrear resultados desastrosos. Por otro lado, llevamos esa carga por nuestros seres queridos cuando ponen su confianza en nosotros, añadiendo el peso de cualquier error que cometamos.

¡Cuán bendecida soy por poder poner mi confianza en ti, Señor! Estoy confiada en la realidad de que tú no cometes errores. Conoces mi pasado, presente y futuro, así como cada cabello de mi cabeza. Puedo desprenderme completamente de la situación y depender de ti. «Pues tú has librado mi alma de la muerte, y mis pies de tropiezo, para que yo pueda andar delante de Dios en la luz de la vida» (Sal 56.13 LBLA).

Confiar en ti, Padre, significa tener fe en ti, depender de ti, y, lo mejor de todo, desprenderme de mis penas. Me has librado de la muerte espiritual. Caminar delante de ti en la luz de los que viven significa participar de la vida eterna. Cuando confío en ti, no tropezaré.

Gracias, amado Dios, por darme la confianza para confiar en ti. Amén.

Los opuestos se atraen

Porque las desordenadas apetencias humanas están en contra
del Espíritu, y el Espíritu está en contra de tales apetencias.
El antagonismo es tan irreductible, que les impide hacer
lo que ustedes desearían.
GÁLATAS 5.17 BLPH

꧁꧂

Amado Dios, a veces siento como un tira y afloje dentro de mí. Me empujan para un lado y para otro, hacia ti y lejos de ti. Odio esta sensación. Me deja inquieta y dispersa. Pero sé que hay una salida a este limbo. Viene de leer la Escritura y también de estar consciente de tu presencia en mi vida.

Existe el dicho de que los opuestos se atraen, y estoy empezando a ver que es verdad. Me estás enseñando que todo sentimiento y pensamiento negativo me atrae a una relación más profunda contigo. Estoy aprendiendo a ver tu bondad en todas las cosas. Cuando Satanás me derriba, tú me levantas. Cuando me siento débil, me das fuerzas. Conviertes las tinieblas en luz, y mi desesperación se transforma en esperanza siempre que pongo mi fe en ti. Aun en las tragedias y desastres veo tu bondad. Tú sanas al enfermo y al herido. Consuelas a los dolientes. Cuando el mal destroza algo, tú lo restauras a un estado mejor que el anterior.

¡Oh, Dios, eres tan bueno! Sigue enseñándome esta atracción de los opuestos. Sigue mostrándome tu gracia y tu bondad, y siempre que sienta impulsos que me alejan, tráeme más cerca de ti. Amén.

Mi Dios

Destruirá a la muerte para siempre; y enjugará Jehová el
Señor toda lágrima de todos los rostros; y quitará la afrenta de
su pueblo de toda la tierra; porque Jehová lo ha dicho.
Y se dirá en aquel día: He aquí, éste es nuestro Dios, le hemos
esperado, y nos salvará; éste es Jehová a quien hemos esperado,
nos gozaremos y nos alegraremos en su salvación.

ISAÍAS 25. 8–9 RVR1960

❧

Señor, tú has escrito la historia de la tierra y les has dado a tus hijos el manuscrito. No fuimos creados para la muerte; tú dijiste que has puesto eternidad en nuestros corazones. En estos días, el mundo pone precio a mi alma. Siento que no doy la talla con mi tiempo y energía, me veo ineficiente, incapaz de dar nada más de mí. Pero tú no dependes del tiempo; el tiempo depende de ti, y la misma gracia y misericordia que mostraste a los israelitas es la que me concedes a mí.

Espero en ti en las tormentas, en la calma, en la calamidad y en la confusión; espero tu regreso. Tú eres mi Dios. Tú eres el Dios que no puede ser sacudido, y, aunque la gente trate de negarte, son unos ilusos al hacerlo. Ninguna ciencia puede igualarse a tu poder; únicamente llegamos a ver lo que nos quieres mostrar. Y, sin embargo, junto a tu poder encuentro a un Dios que enjuga mis lágrimas y limpia de sufrimiento el mundo. Tú eres mi Dios. Amén.

Temor y esperanza

*Por lo tanto, no se angustien por el mañana, el cual tendrá sus
propios afanes. Cada día tiene ya sus problemas.*
MATEO 6.34 NVI

Padre amado, ¡es muy difícil no preocuparse por
el futuro! A veces doy rienda suelta a mi mente y
me figuro toda clase de escenarios espantosos. ¿Qué me
ocurrirá cuando sea una anciana? ¿Tendré dinero suficiente para vivir? ¿Qué les pasará a mis hijos? ¿Estarán
seguros? ¿Y si alguno de mis seres queridos contrae alguna terrible enfermedad? Pero tú dijiste que no tengo que
angustiarme por el futuro. Quieres que me ocupe cada
día del hoy y de las cosas que tengo delante.

Estoy aprendiendo la diferencia entre el temor y la
esperanza. El temor es creer que va a ocurrir algo malo;
la esperanza es creer en que a ocurrir algo bueno. Cuando me aflijo, pongo de manifiesto mi creencia en que van
a llegar esas cosas malas.

No creo que este versículo enseñe que no debo planificar para el futuro. Más bien, creo que tú quieres que
haga planes con sabiduría y esperanza, creyendo en tu
bondad. No quieres que me apene, porque la pena indica
temor.

Ayúdame a planificar con sabiduría, con una gozosa creencia en que tu bondad y bendiciones aguardan.
Recuérdame de tu amor, y llena mi corazón con ilusión
por todas las experiencias hermosas que tienes planea-
das. Amén.

Victoria sobre el temor

Pero el SEÑOR me dijo: «No digas: "Soy muy joven", porque vas
a ir adondequiera que yo te envíe, y vas a decir todo lo que yo te
ordene. No le temas a nadie, que yo estoy contigo para librarte.»
Lo afirma el SEÑOR. Luego extendió el SEÑOR la mano y,
tocándome la boca, me dijo: «He puesto en tu boca
mis palabras.

JEREMÍAS 1.7–9 NVI

❧ ❧

Señor, confieso que en ocasiones tengo miedo de hacer las cosas que me pides. No sé si lo que temo es la tarea en sí o lo que pensará la gente. Quizá sea una mezcla de ambas cosas. Justo cuando creo que he vencido este temor, vuelve a asomar su desagradable rostro.

Te ruego coraje para estar firme y hablar cuando tú me lo pides. Tu Palabra declara que me darás las palabras que necesite. Tengo que confiar en que tú me darás esas palabras. Ayúdame a no preocuparme por si estoy cualificada para hablar o por que otros puedan considerarme poco apta para ello. Eres tú el que llama y capacita a la vasija que quieres usar para el servicio. Quiero estar siempre disponible para hablar en tu favor.

Dame fuerzas para realizar la tarea que me llamas a hacer. Ayúdame a comprometerme a completarla y a hacerlo bien, para tu gloria. Cuando sienta miedo, ayúdame a recordar que tú estás conmigo para rescatarme del temor. Amén.

¡Me ama!

*Y estoy convencido de que nada podrá jamás separarnos del
amor de Dios. Ni la muerte ni la vida, ni ángeles ni demonios,
ni nuestros temores de hoy ni nuestras preocupaciones
de mañana. Ni siquiera los poderes del infierno pueden
separarnos del amor de Dios. Ningún poder en las alturas ni
en las profundidades, de hecho, nada en toda la creación podrá
jamás separarnos del amor de Dios, que está revelado en Cristo
Jesús nuestro Señor.*

ROMANOS 8.38−39 NTV

Señor, estos versículos cubren todos los obstáculos
que mi imaginación puede concebir cuando piensa
que no vas a amarme. El enemigo me dice que tengo que
ser suficientemente buena para ganarme tu amor, pero
eso es mentira. Él trata de convencerme de que nunca
estaré a la altura y de que no puedo esperar que ames
a alguien como yo. He fallado más a menudo de lo que
puedo recordar. He perdido muchas oportunidades de
contar a otros lo que tú has hecho por mí; hasta podría
negar que te conozco. Juzgo a los demás o los trato como
si negara su dignidad. Quiero que las personas te vean
en mí, pero mis fallos se interponen. Gracias, Señor, por
amarme de todos modos.

No me amas por las cosas que he hecho. Me amas
porque eres quien eres. Y me has demostrado ese amor
dando tu vida para salvarme. Ayúdame a sentirme siempre segura de tu amor, para que pueda derramarlo sobre
los demás. Amén.

Nada nos separará

Porque estoy convencido de que ni la muerte, ni la vida, ni
ángeles, ni principados, ni lo presente, ni lo por venir,
ni los poderes, ni lo alto, ni lo profundo, ni ninguna otra
cosa creada nos podrá separar del amor de Dios que es en
Cristo Jesús Señor nuestro.
ROMANOS 8.38–39 LBLA

❧

Gracias, Señor. Gracias porque no hay absolutamente nada que me pueda separar de tu amor. Gracias porque no tengo que preocuparme ni tener miedo de que de alguna manera no llegue a ser bastante buena como para permanecer en tu amor. Gracias porque estoy cubierta por tu amor, siempre, indisolublemente.

Ni la muerte, que me separa de todo lo que conozco en este mundo, puede apartarme de tu amor. Las cosas que ocurren en esta vida no pueden separarme de ti. No hay ángel ni potestad con la suficiente fuerza para romper tu amor por mí.

Ninguna de las cosas que me causan dolor y quebranto ahora tienen poder para separarme de tu amor. Por favor, muéstrame claramente tu amor y recuérdame que mis circunstancias son menores en tamaño y poder que tu amor.

No hay nada que pueda pasar en el futuro que me separe de tu amor. Cuando los días y los años que tengo por delante parezcan inciertos y oscuros, hay algo que tendré claro: tú todavía me amarás, pase lo que pase.

Gracias porque tengo toda la eternidad para deleitarme en tu amor. Amén.

Victoria en la mente

La preocupación agobia a la persona;
una palabra de aliento la anima.
PROVERBIOS 12.25 NTV

❧

*S*eñor, estoy aprendiendo que las preocupaciones pueden adueñarse de mi mente, si las dejo. Tú sabes exactamente cuántas horas he pasado sentada, despierta en la noche imaginando diferentes consecuencias de diferentes situaciones; preocupándome sobre lo que podría o no suceder como resultado de mis palabras, acciones o de los escenarios en que me encuentro. Aunque es bueno pensar bien las cosas, sé que no quieres que me afane con cómo acaban saliendo. En lugar de pensar y repensar cómo pueden salir las cosas o qué puedo hacer para resolver un asunto, ayúdame a descansar en tu paz.

Hoy elijo calmarme y dejar reposar mi corazón y mi mente. Pongo el foco de mis pensamientos en ti: tu bondad, tu misericordia, tu amor. Me amas profundamente. Has prometido que todas las cosas me ayuden para bien porque te amo. Echo de mi mente los pensamientos negativos. Elijo llenar mis pensamientos con tu Palabra y con lo que ella dice sobre mi vida.

Soy hija del Altísimo, comprada con precio, y te pertenezco a ti. Soy libre de condenación. Nada puede separarme de tu amor. Tú no me has dado un espíritu de cobardía, sino de poder, amor y dominio propio. Tú me has prometido paz, dulce paz. Gracias por esa paz ahora. Amén.

Refugio permanente

Pero la salvación de los justos es de Jehová, y él es su
fortaleza en el tiempo de la angustia. Jehová los ayudará
y los librará; los libertará de los impíos, y los salvará,
por cuanto en él esperaron.
SALMOS 37.39–40 RVR1960

༄༅

𝒯ú eres nuestra Torre Fuerte, ayuda a tus hijos a encontrar refugio solo en ti. Ilumina nuestras mentes y corazones para ver qué significa eso en detalle. ¿Cómo puede refugiarse tu pueblo en ti? Únicamente reconociéndote como Rey y aceptando tu ofrecimiento de redención como la única manera de escapar del quebranto y la rebelión de este mundo. Proclamamos que solo tú proporcionas ese rescate, y te alabamos. Llévanos a acudir diariamente a tu Palabra en busca de guía. ¡Esta es la espada del fiel, de los que son llamados justos por el sacrificio de Jesús! Llévanos a conocer y usar esta espada del Espíritu de manera que podamos sacarle provecho con poder y amor desde dentro de nuestra torre y refugio, que es Cristo. Perdónanos cuando tratamos a la ligera la comunión contigo mediante la oración. Recuerda a tu pueblo a cada hora que esta comunión es vital, teniendo en cuenta que tú eres nuestro lugar seguro. Que nuestras palabras sean el preciado incienso que te ofrecemos a ti, Refugio nuestro. Cuando lleguen las pruebas, fortalécenos para confiar solo en ti y en tu poder para librarnos. Tú das alivio a los corazones angustiados cuando lo dejan todo a tus pies. Te damos gracias, Señor. Tú no abandonas a tus santos. Amén.

Un corazón quieto

Estad quietos, y conoced que yo soy Dios.
SALMOS 46.10 RVR1960

❧❧

Solo tú puedes calmar mi corazón inquieto, Señor. Cuando los vientos del estrés me zarandean como a un barco sin timón, procuro desesperada agarrarme a un mástil firme.

¿Es esto lo que los discípulos sintieron cuando el fiero vendaval embraveció las olas en torno a su barca? Como ellos, tengo miedo de naufragar en la tormenta. Y, como ellos, tengo que reconocer tu grandeza. Tú los rescataste cuando te levantaste, reprendiste al viento y dijiste al mar: «"Calla, enmudece". Y cesó el viento, y se hizo grande bonanza» (Mr 4.39 RVR1960).

Ayúdame a dejar de esforzarme cuando las tormentas llegan a mi vida. He descubierto que yo creo mis propios vientos huracanados y olas destructoras cuando dejo de confiar en ti. Quiero calmarme como se calmaron el viento y el mar a tus órdenes. Porque tú eres el que «sosiega el estruendo de los mares, el estruendo de sus ondas, y el alboroto de las naciones» (Sal 65.7 RVR1960). Si el viento y el mar te obedecen, no hay duda de que los elementos que me rodean también te obedecerán.

Y yo debo obedecerte.

Cuando recuerdo que debo acudir a ti en primer lugar, no cuando ya he agotado los demás recursos, todos esos episodios frenéticos pierden su fuerza. No tengo que atravesar ninguna tormenta con temor, porque tú eres mi refugio y fortaleza. Estaré quieta y conoceré que tú eres Dios. Amén.

Nos gozaremos y alegraremos

Este es el día que hizo Jehová;
nos gozaremos y alegraremos en él.
SALMOS 118.24 RVR1960

❧

Amado Dios, no se me dan muy bien los días oscuros y tormentosos. Cuando las nubes grises cubren tu cielo de zafiro, un velo tapa mi corazón, si lo dejo. Pero, Señor, quiero combatir eso con todo lo que tengo, porque tú hiciste este día. Tú hiciste este día y yo me gozaré en él.

El día puede parecer deprimente, pero tu bondad sigue rebosando. ¡Oh, Señor, eres tan bueno! Me despertaste esta mañana y ahora me dices: «Hija mía, te amo». Solo eso ya ilumina mi corazón. Tú me das refugio en la lluvia y calor cuando hace frío. Suples todas mis necesidades, y eso, amado Dios, es motivo para la alegría.

Tú abres mis sentidos a la belleza que me rodea: el ritmo de la lluvia constante, la canción del viento, la majestuosa visión de las nubes desiguales corriendo por un cielo de tormenta. El trueno y el relámpago personifican tu grandeza. Reflejan tu autoridad sobre los cielos y la tierra. ¡Gocémonos y alegrémonos! ¡Regocijémonos! ¡Dios es bueno!

Sí, Señor, tú hiciste este día, y, al igual que todos los días, está lleno de la maravilla de tu ser. Así que no dejaré que ningún velo cubra mi corazón. No permitiré que los cielos grises me depriman. En vez de eso, voy a reflexionar en la grandeza de mi Señor. Voy a reflexionar y a alegrarme. Amén.

Vencer

Estas cosas os he hablado para que en mí tengáis paz.
En el mundo tendréis aflicción;
pero confiad, yo he vencido al mundo.
JUAN 16.33 RVR1960

✦❧❧✦

Este mundo me abruma, pero tú has vencido al mundo por medio de tu perfecta voluntad y omnipotencia, Señor. Soy hija de Aquel que gobierna este mundo y ha derrotado a todos mis temores. La promesa de que tú ordenas cada giro en la vida e inclinas tu oído a mi clamor es algo que me hace humilde y me da seguridad. Te agradezco que no me ocultes la realidad de las pruebas y que te brindes tú mismo como el Redentor y el remedio para todas las cosas que me desaniman.

Señor, muchas veces he querido tirar la toalla y abandonar el camino de la fe, pero, por tu gracia y amor, tú no tirarás la toalla conmigo. Gracias.

Te alabo por no abandonarme. Perdóname por perder la esperanza en ti. Señor, cuando esté tentada a abandonar a los que amo, quiero recordar tu perseverancia. Cuando los amigos o familiares parezcan haberse extraviado más allá de toda esperanza, dame fuerzas para cobrar ánimo y confiar en tus propósitos.

No tengo por qué temer, porque no solo estás presente a cada instante, sino que tienes el control. Confieso que no siempre confío en lo que estás haciendo, por eso te pido, por favor, que me perdones. Has demostrado tu grandeza y sabiduría en mi vida una y otra vez. Cuando soy tentada, Señor, ayúdame a recordar tu provisión de ocasiones pasadas. Tú eres grande y santo, y yo descanso en tu presencia y tu Palabra. Amén.

No me olvidó

El Espíritu del Señor omnipotente está sobre mí, por cuanto
me ha ungido para anunciar buenas nuevas a los pobres.
Me ha enviado a sanar los corazones heridos, a proclamar
liberación a los cautivos y libertad a los prisioneros.

Isaías 61.1 nvi

*P*adre amado, tú te preocupas por mí, ¿verdad? A
veces me siento como una prisionera en una maz-
morra oscura, solitaria y abandonada. Todos siguen con
sus vidas, sin percatarse de mis problemas. Pero no estoy
olvidada, ¿no? Tú me ves. Sabes por lo que estoy pasando
y es algo por lo que te preocupas intensamente.

Ahora mismo estás obrando para librarme de esta
situación difícil. Mi esperanza está en ti. Aunque los días
puedan parecer largos y esta travesía parezca intermina-
ble, sé que estaré bien. En este momento, ayúdame a no
perder el aliento, a no detenerme, a poder cumplir con
las tareas diarias que tengo encomendadas. No puedo
hacerlo sola, Señor.

Sé que un día, pronto, levantaré la mirada y veré un
rayo de luz atravesando un resquicio del muro de mis
adversidades. Un día, pronto, llegarás con un gran juego
de llaves que me sacará de este lugar. Un día, pronto, mi
corazón será restaurado y seré capaz de respirar sola de
nuevo.

Gracias por mirarme, Señor. Gracias por el conocimiento y cuidado que tienes de mí. Sobre todo, gracias
por la esperanza. Con tu ayuda, podré con esto. Con tu
ayuda, sé que saldré de aquí a un lugar de libertad, bendición y paz. Amén.

Oración por perseverancia

Orando en todo tiempo con toda oración y súplica en el
Espíritu, y velando en ello con toda perseverancia
y súplica por todos los santos.
Efesios 6.18 rvr1960

❧

Señor, cuando las cosas se ponen difíciles y oigo hablar de desastres y sufrimientos por el mundo, me pregunto si tengo lo que hace falta para llegar hasta el final. Algunas personas soportan penas y dolor en sus vidas. ¿Soy yo lo bastante fuerte como para estar firme si me vienen cosas así? Pablo escribe en Efesios 6.13–14 que nos pongamos toda la armadura de Dios para poder estar firmes en el día malo. Creo que me está diciendo que necesito tu armadura para perseverar. Sin ella, estoy destinada al fracaso. Señor, vísteme con tu armadura. Necesito la fuerza y la perseverancia que hacen falta para ganar la batalla.

Hazme fuerte, Señor. Cuando estoy cansada, ayúdame a esperar en ti, como enseña el profeta Isaías, para que sean renovadas mis fuerzas. Fortaléceme para que pueda correr y no cansarme, caminar y no fatigarme.

Ayúdame a orar en el Espíritu en toda ocasión por otros, para que sean suplidas sus necesidades y peticiones. Ayúdame a estar alerta y vigilante ante el enemigo y sus ardides. Que, mientras oro, la esperanza crezca en mí por tu poder y tu Espíritu, convirtiéndome en la soldado que necesito ser para la batalla que tengo por delante. Señor, gracias por ayudarme a perseverar, ahora y en el futuro. Amén.

No puedo arreglarlo

Humíllense, pues, bajo la poderosa mano de Dios, para que
Él los exalte a su debido tiempo, echando toda su ansiedad
sobre Él, porque Él tiene cuidado de ustedes.

1 Pedro 5.6–7 NBLH

❧ ❧

¿Por qué es más fácil preocuparse que entregarte mis preocupaciones? Sé que no puedo cambiar nada con pasar noches angustiada y sin dormir, pero con demasiada frecuencia vuelvo a agarrar mis inquietudes incluso después de habértelas pasado a ti.

¿Es por mi orgullo? Elijo humillarme y no tratar de decirte cómo arreglar las malas situaciones. Muchas veces me has mostrado que tienes un plan mejor de lo que yo podría ni imaginar. Tu estrategia es positiva para todos los implicados, mientras que yo solo pienso en mí y en el pequeño círculo de personas a las que amo. Tú resuelves las cosas para mí, y al mismo tiempo diseñas un plan perfecto para cada persona. Ayúdame a recordar que tu amor y poder van más allá de los límites de mi imaginación. Dame la confianza en que tú te preocupas por todo lo que pasa en mi vida. El aprecio que me tienes impedirá todo aquello que en última instancia no me haga más como Cristo. Gracias, Señor, por la seguridad de que tu mano poderosa me exaltará a su tiempo. ¡Eres maravilloso! Amén.

Siempre contigo

Sin embargo, yo siempre estoy contigo; tú me has tomado de
la mano derecha. Con tu consejo me guiarás,
y después me recibirás en gloria.
SALMOS 73.23–24 LBLA

❧❧

Señor, tú siempre estás conmigo. No hay un momento en mi vida en el que me separen de ti. No existe ningún lugar al que pueda huir para esconderme de ti. Estás presente siempre, delante, detrás y alrededor de mí. Quiero sentir tu presencia hoy de una forma tangible.

Me tomas de la mano. Caminas conmigo por esta vida, no como un observador distante, sino como un compañero cercano. Puesto que estoy conectada a ti, no tengo por qué temer a tropezar o caer, porque tú me sostienes y me agarras. No permitas que intente soltarme de tu mano pensando que puedo hacerlo sola.

Tú me guías con tu consejo. No me has creado sin más y me has dejado por mi cuenta para que saque el máximo provecho de esta vida. En lugar de eso, me aconsejas conforme paso por tiempos difíciles o maravillosos. Me guías y me diriges por el camino que debo andar. Quiero escuchar tu voz más claramente cada día.

Tú me recibirás en la gloria. No solo me acompañas en mi caminar por esta vida, sino que sostienes mi mano al pasar por la muerte y me esperas al otro lado para recibirme en casa. Nunca, jamás, ni siquiera en la muerte, me dejas ni abandonas. Amén.

Ayuda en la debilidad

Y de igual manera el Espíritu nos ayuda en nuestra debilidad;
pues qué hemos de pedir como conviene, no lo sabemos, pero el
Espíritu mismo intercede por nosotros con gemidos indecibles.
ROMANOS 8.26 RVR1960

☙ ❧

Jesús, a veces no tengo palabras. A veces me he llenado de tantas emociones distintas que no me entiendo. No sé cómo orar. Gracias por enviarme al Espíritu Santo, mi Ayudador, para animarme y fortalecerme cuando estoy cansada, débil y me siento derrotada. Cuando no hay más que lágrimas, que estas corran y hablen por mí. Las lágrimas son un lenguaje que tú comprendes, aun cuando yo no las entiendo. Dame coraje para confiar en ti y hablarte desde mi corazón con la ayuda del Espíritu Santo. En él busco consuelo y palabras. Él me enseñará a orar.

En ocasiones necesito orar por otras personas, pero no conozco los detalles de su situación. Afortunadamente, no necesito tener información. Tú conoces sus nombres, sus corazones y sus circunstancias. Tú sabes lo que sucede. Sabes lo que necesitan. Te pido ahora por ellos: consuélalos, dales sabiduría y entendimiento. Dame tus palabras para hablarles cuando los vea, para que pueda serles de ayuda. Amén.

Búscame

Por nada estéis afanosos, sino sean conocidas vuestras peticiones
delante de Dios en toda oración y ruego, con acción de gracias.
FILIPENSES 4.6 RVR1960

❧

Abba, estoy afanada prácticamente por todo. Apártame de mí misma y dirige mis pensamientos a ti. Tú nos mandas a los creyentes que busquemos tu rostro porque hemos sido creados para la comunión contigo. Desde el principio, ha sido en tu presencia donde el ser humano encuentra su gozo y dignidad. Perdóname cuando, como Adán, creo que puedo esconderme de ti y cuando pongo mi confianza en el disimulo y la evitación. Haz que viva en la verdad de que tú lo ves todo. Tú anhelas la unión con tu creación, atraernos a ti como una gallina reúne a sus polluelos. Oh, Abba, mucho más que eso, nos mandas que te contemos qué abruma nuestros corazones, que te contemos qué es lo que deseamos, porque eso nos lleva de vuelta al Edén.

Que tu pueblo busque esa primera devoción pura y sin mancha a ti. Permite que te hablemos con esa gozosa expectativa y esperemos tu respuesta. Fortalécenos para acercarnos a ti con gratitud, sabiendo que tú lo controlas todo. Padre, estamos aquí ahora, afanadas y asustadas porque nuestra naturaleza está afectada por la caída en el pecado. Estamos aquí, no obstante, en obediencia y expectación. Conforme procuramos estar en tu presencia, te sentimos atraernos al centro de tu ser, a la dependencia de tu gracia y de tu deseo de proveer. Amén

Un corazón fortalecido

Pero los que esperan en el Señor renovarán sus fuerzas;
se remontarán con alas como las águilas, correrán y no se
cansarán, caminarán y no se fatigarán.

Isaías 40.31 lbla

~❧ ❧~

*D*ios todopoderoso, en toda tu majestad y grandeza, te preocupas por cada uno de nosotros. Cuando sufrimos daño o temor, nos fortaleces contra todos nuestros temores y preocupaciones. Nos permites cambiar nuestra limitadora debilidad por tu inconmensurable fuerza.

Cuando los malos presentimientos caigan sobre nosotros como ejército invasor, no retrocederemos. Porque sabemos que tú eres nuestro escudo. Proclamaremos con confianza: «He aquí, Dios es mi salvador, confiaré y no temeré; porque mi fortaleza y mi canción es el Señor Dios» (Is 12.2 lbla).

Las águilas golpean el aire con sus poderosas alas para emprender el vuelo, planeando sobre los árboles, subiendo a las cimas de las montañas y más allá. Tú nos elevas con el poder de las alas de águilas por encima de los bosques de nuestras preocupaciones terrenales. Nuestros problemas se hacen más pequeños cuando los vemos desde tu perspectiva. Los árboles se convierten en palitos y las montañas se ven como puñados de arena. No podemos tratar nuestros problemas sin tu ayuda.

Te damos gracias, Señor, cuando fortaleces nuestro corazón en medio de la agitación. Tú nos das completa y verdadera paz en esos momentos difíciles.

Orando en el poderoso y maravilloso nombre de Jesús, declaremos todos: «Todo lo puedo en Cristo que me fortalece» (Fil 4.13 lbla). Amén.

Llámame «Marta»

—Marta, Marta —le contestó Jesús—, estás inquieta y
preocupada por muchas cosas, pero sólo una es necesaria.
María ha escogido la mejor, y nadie se la quitará.
LUCAS 10.41–42 NVI

Amado Jesús, soy Marta. Tú ya me entiendes: aquella mujer de la Biblia que estaba demasiado ocupada con la vida como para detenerse y escucharte. Sí, esa soy yo. Marta.

Siempre pienso que tengo mucho que hacer. Me paso el día de un lugar a otro tratando de tenerlo todo hecho, y a menudo estoy preocupada y afanada. Ser una Marta se interpone en mi relación contigo, y eso es algo que lamento, Señor.

Supongo que ser una Marta no es totalmente negativo. Tú la amabas mucho, como a mí. Y la regañaste amablemente cuando estuvo demasiado ocupada para ti, igual que me estás regañando a mí ahora. Gracias por ser amable conmigo. Gracias por recordarme que deje de correr y te ponga a ti primero.

¿Puedes ayudarme a intentarlo con más fuerza? Demasiado a menudo, pierdo de vista que estoy tan liada con los quehaceres que no he tenido tiempo para ti. Quiero poder decir no a tareas que me apartan de ti. Quiero tener paz cuando dejo algunas cosas sin hacer para poder pasar tiempo contigo. ¿Me ayudarás, Señor? Te lo agradezco mucho. Amén.

Dios es nuestra salvación

En aquel día dirás: Cantaré a ti, oh Jehová; pues aunque
te enojaste contra mí, tu indignación se apartó, y me has
consolado. He aquí Dios es salvación mía; me aseguraré y
no temeré; porque mi fortaleza y mi canción es JAH Jehová,
quien ha sido salvación para mí.

ISAÍAS 12.1–2 RVR1960

❧❧❧

¡Cuán misterioso y maravilloso es servir a un Dios que aparta su ira y consuela a sus hijos. No hay otro Dios, ninguno como tú. Reconozco que es difícil no estar afanada por nada, poner todos los potenciales temores y preocupaciones en tu altar y esperar. Algunos de los mandamientos más difíciles que nos das son los de esperar, estar quietos y resistir. Pero, en esos días de salvación y restauración, quiero alabarte. Quiero darte gracias en los tiempos de tristeza y de alegría.

Perdóname, Señor. Perdóname por desafiarte, aferrarme a mi orgullo y negar tu santidad. Tú eres mi salvación. Tú eres mi Salvador y mi fuerza. Todos los otros caminos me dejan seca y abatida. A causa de mi orgullo e incredulidad, he seguido mis propios métodos de salvación. En los momentos en que soy tentada a seguir las mentiras, a recurrir a mis propios planes, ayúdame a confiar en ti y no tener miedo de obedecer. Gracias por apartar tu ira de mí. Gracias por sacrificar a tu Hijo y perdonarme a mí, que soy pecadora. Amén.

Consuélame

Me ha enviado ... a pregonar el año del favor del Señor ...
a consolar a todos los que están de duelo, y a confortar
a los dolientes de Sión.
Isaías 61.1–3 nvi

~❧~

*P*adre amado, la vida es una sucesión de valles y montañas, ¿no es verdad? Puedo estar en la cima más alta y, de pronto, ¡*boom!* Algo sucederá y estaré desolada. Y viceversa. Un día tal vez parezca que no podré ver más que oscuridad, cuando de repente un momento de esperanza atravesará la niebla y sabré que hay algo mejor esperando en un futuro próximo.

Tú me consuelas con esperanza, Padre. Cuando estoy de duelo por la pérdida de un ser querido o de una amistad, o de una fase de mi vida, me siento abrumada. Cuando estoy en mi punto más bajo es cuando más fuerte siento tu presencia. Susurras amor y bondad en mi espíritu y sé que te preocupas por mí. Sé que no estoy sola en este viaje. Diriges amablemente mi mirada a un momento mejor en el futuro y sé que no estaré para siempre en el valle.

Tú provees lo que necesito cuando estoy desolada. Ya sea una brisa fresca o un día caluroso o una llamada telefónica de una amiga, siempre encuentras la manera de asegurarte de que me cuiden. Gracias por amarme con ternura, compasión y consuelo. Gracias por la esperanza en tu bondad. Amén

Paz de Dios

Tú guardarás en completa paz a aquel cuyo pensamiento en ti persevera; porque en ti ha confiado. Confiad en Jehová perpetuamente, porque en Jehová el Señor está la fortaleza de los siglos.

ISAÍAS 26.3–4 RVR1960

❧

Señor, te doy gracias por tus promesas, que nunca fallan. Tú eres fiel a tus promesas. Te ruego que yo siempre este firme en esas promesas en cualquier circunstancia. Eso incluye la promesa de Isaías 26 sobre la paz que tú das.

Confieso, Señor, que mi mente no siempre está en ti. La vida se vuelve frenética Y reconozco que me siento estresada en demasiadas situaciones. Necesito la paz que solo tú puedes dar. Ayúdame a confiar en ti en toda situación y a dejar que tú soluciones mis problemas, porque de aquí viene la única paz real que tengo.

Para tener una paz real necesito pensar en esas cosas que te agradan. En lugar de llenar mi mente con imágenes e información que me da el mundo a mi alrededor, necesito morar en tu bondad y en la sabiduría y conocimiento que vienen del Espíritu Santo. Aumenta mi hambre de tu Palabra. Sea lo que sea que yo vea, oiga o hable, que sea para tu gloria. Porque cuando sea para tu gloria me traerá paz.

Señor, quiero ser guardada en perfecta paz. Te pido que transformes mi pensamiento y mis deseos. Ayúdame a confiar en ti completamente y a mantener mi pensamiento en ti y en tu Palabra. Amén.

Haz lo que haga falta, Señor

Ahora bien, sabemos que Dios dispone todas las cosas para el bien de quienes lo aman, los que han sido llamados de acuerdo con su propósito. Porque a los que Dios conoció de antemano, también los predestinó a ser transformados según la imagen de su Hijo, para que él sea el primogénito entre muchos hermanos.
ROMANOS 8.28–29 NVI

❧

Jesús, precioso Señor, este versículo es muy positivo, pero en medio de las pruebas puede ser difícil creer. Por favor, borra mis dudas, Señor. La vida no era fácil para los cristianos cuando Pablo escribió esas palabras, pero él estaba confiado en que, aun cuando las cosas se torciesen, tú las convertirías en algo bueno. Tú ves lo eterno; yo estoy encerrada en este momento.

Nos transformas continuamente para que seamos más como Jesús. Quiero reflejar exactamente esa imagen, pero soy una cobarde a la hora de atravesar los momentos duros que harán de mí la persona que tienes planeado que yo sea.

Me encanta la idea de que me conocías antes de que naciera y me predestinaste para estar aquí en la tierra en este preciso instante. No forzaste mi destino, pero sabías desde el principio que yo iba a escoger seguirte. Tomé algunas malas decisiones y causé problemas por el camino, pero tú eres fiel y utilizaste cada obstáculo para devolverme al camino adecuado. Tú planeaste mi vida para que acabara formando parte de tu glorioso reino.

Anhelo ser más como tú, Jesús, cada día. Amén.

Dios da la victoria

Pero a Dios gracias, que nos da la victoria por medio de
nuestro Señor Jesucristo. Por tanto, mis amados hermanos,
estad firmes, constantes, abundando siempre en la obra del
Señor, sabiendo que vuestro trabajo en el Señor no es en vano.
1 CORINTIOS 15.57–58 LBLA

❧ ❧

Señor, ahora mismo me siento cualquier cosa menos victoriosa. Estoy enredada en las tensiones cotidianas y mis temores con respecto al futuro. Siento que he fallado en distintos aspectos de mi vida y lamento la manera en que he manejado ciertas situaciones. Y, sin embargo, Señor, tú me dices que en tu Hijo hay victoria. Perdóname cuando miro donde no debo en busca de mi valor y mi permanencia junto a ti. Estoy cubierta con la justicia de Jesús y, gracias a su obra en la cruz, pasaré la eternidad en el cielo. *Eso* es victoria. Mantén mi vista en esta perspectiva eterna cuando empiezo a prestar demasiada atención a mis defectos en la vida.

Gracias por reafirmarme que, cuando hago tu obra, no es en vano. Aun cuando me siento inadecuada, tú usarás mis esfuerzos para el bien de tu reino. Guárdame del desánimo y el cansancio, y concédeme fortaleza y perseverancia. Dame una actitud alegre y dispuesta para hacer tu voluntad. Quisiera encontrar aún más oportunidades para hacer tu obra y ayudar a los demás, sé que así también recibiré bendición. Amén.

Verdad = Libertad

Y conoceréis la verdad, y la verdad os hará libres.
JUAN 8.32 RVR1960

❧❧

*P*adre celestial, parece que todas las historias tienen siempre otro lado. Cada persona contempla la vida de manera distinta, desde una perspectiva que tiene el filtro de sus propias experiencias. A veces esos filtros parecen positivos, y en ocasiones son negativos, dependiendo de cuánta luz o verdad se revele. Quiero vivir mi vida en la verdad: tu verdad. Quiero ver la historia de cada persona desde tu perspectiva. Dame tu gracia para que pueda verlas como tú las ves. Que sus historias sean para mí tan importantes como lo son para ti.

Otras personas me han juzgado muchas veces basándose en su propia historia. No conocen la realidad de mi experiencia. Hay ocasiones en las que ni siquiera estoy segura de poseer toda la verdad sobre mi propia historia. Ayúdame a remontar el caos, la confusión, el juicio, el daño y el dolor de heridas pasadas. Ayúdame a recibir tu perdón de manera que pueda vivir en la verdad y dar gracia a otros también.

Que se revelen todas las cosas ocultas en mi vida. Abre mis ojos para ver la verdad, la realidad de mi redención por medio de tu amor por mí y por los demás. Abro mi corazón para recibir tu verdad hoy. Derrama tu luz sobre todas las cosas y muéstrame la verdad para que yo pueda conocerla y vivirla de una manera que te honre. Amén.

Esperanza en tu santa mañana

Cantad a Jehová, vosotros sus santos, y celebrad la memoria de su santidad. Porque un momento será su ira, pero su favor dura toda la vida. Por la noche durará el lloro, y a la mañana vendrá la alegría.

SALMOS 30.4–5 RVR1960

Oh, Dios eterno, yo canto tus alabanzas porque tú me cuentas entre tu pueblo. Tus santos, los consagrados aparte, te dan gracias por proveer esta «consagración». Aunque formamos parte de este mundo desastrado, nos has atraído en tu gracia para que veamos tu obra y tu redención. Nuestros corazones cantan ante la hermosura de tu santidad. Tú eres puro cuando todo a nuestro alrededor está manchado. Pero buscas en nosotros la misma pureza, y eso nos abruma. Ayúdanos a recordar que tu ira es justa, que purifica y nos hace íntegros. Gracias porque tu ira es breve, nos hace santos como tú eres santo, como Jesús nos llama a ser.

Parafraseando las palabras de Sabina Wurmbrand, ayúdanos a considerar esta experiencia como el salón de belleza de Dios, de donde salimos más limpias y hermosas que de ningún sistema terrenal de embellecimiento: salimos como santas vivientes. Da fuerza a tus santos que están atravesando una noche de tristezas. Danos el gozo que viene con la mañana. En tu favor se halla la vida. Aliéntanos en la obediencia a tu Palabra y el amor a tu persona, que produce vida. Tú, Señor, eres nuestra perpetua canción de la mañana y nuestro gozo en medio del sufrimiento. Amén.

Un corazón dispuesto

*Por consiguiente, los que sufren conforme a la voluntad de
Dios, encomienden sus almas al fiel Creador, haciendo el bien.*
1 Pedro 4.19 lbla

❧✦❧

*P*adre justo, podríamos considerar una bendición
cuando otros nos critican por lo que creemos, si
no nos enfurecieran sus reproches.

El propósito de nuestro sufrimiento es refinar y fortalecer nuestra fe, para dar pruebas de nuestra salvación
demostrando nuestra fidelidad. Te damos honra a ti, oh
Dios, cuando les mostramos a otros que nos has dado el
Espíritu Santo para ayudarnos.

Hacer tu voluntad significa estar preparada para
morir al yo. Nuestro yo carnal tiene que dejar paso al espiritual. Peleamos esta batalla a diario. Cuando la refrie-
ga nos desanima, haz que recordemos que hasta Cristo
oró: «Padre, si es tu voluntad, aparta de mí esta copa;
pero no se haga mi voluntad, sino la tuya» (Lc 22.42
lbla). Compartimos el sufrimiento de Cristo porque
llevamos con absoluta disposición su nombre.

Es difícil hacer tu voluntad cuando Satanás nos
golpea por escoger seguir la senda de Jesús. Ayúdanos
a acordarnos de encomendar nuestras almas a nuestro
fiel Creador y hacer lo correcto. Hágase tu voluntad, ya
sea que tengamos delante adversidad o placer. Entonces
podremos decir: «Me deleito en hacer tu voluntad, Dios
mío; tu ley está dentro de mi corazón» (Sal 40.8 lbla).
Amén.

Oh, Dios grande y poderoso

Ante el Señor, dueño de toda la tierra,
las montañas se derriten como cera.
SALMOS 97.5 NVI

❧

*P*adre bueno que estás en el cielo, cuando me siento como en un valle rodeado de montañas de adversidad, recuerdo tu grandeza. Las montañas me encierran y parecen imposibles de escalar. Quisiera remontarlas hasta el otro lado, pero no tengo fuerzas para escalarlas sin ti.

Sé que de alguna manera me elevarás por encima de la cima más alta y me llevarás a salvo al otro lado. Tan grande eres.

Dios, qué bueno eres. Tu Palabra me enseña que cuando atravieso un valle no tengo por qué tener miedo, ya que tú estás conmigo. Tú me das esperanza. No hay nada demasiado grande para ti, ni problema que te supere. Tu Palabra dice que puedes derretir las montañas como cera, porque eres Señor de toda la tierra. Saber eso me trae consuelo.

Padre, dame paz en este valle mientras espero. Alivia mi mente. Aumenta mi fe e ilumíname con versículos de esperanza. Dame aliento para escuchar tu voz y reconocerte cuando me instas a actuar. Yo sé, Padre, que este valle es temporal. Creo con todo mi corazón que tienes algo maravilloso esperándome al otro lado de las montañas. Ven, pues, Dios grande y poderoso. Ven y elévame. Amén.

Menor que la semilla de mostaza

Respondió Job a Jehová, y dijo: Yo conozco que todo lo puedes, y que no hay pensamiento que se esconda de ti.
JOB 42.1–2 RVR1960

¿Vivo consciente de que tú, Señor, puedes hacer todas las cosas? ¿O ando cada día dubitativa, como si no pudieras proveer o no fueras a responder a mi clamor? Es que muchas veces dudo, mi fe es pequeña. ¿Cómo es que puedo adorar a un Dios tan grande, tan inmenso, aun teniendo una fe minúscula?

Cuando no eres lo primero en mi vida, los problemas pasan al frente y todas las circunstancias me abruman. Me hundo más en la desesperanza y toda la bondad de Cristo y el evangelio se diluye en sombras. Me parece estar perdiendo todas las batallas, pero eso es porque confío en mi propia fuerza, que es un frágil palito ante tu inmenso poder.

Perdona mi incredulidad, Señor, que menoscaba tu Gloria y me encadena a la inseguridad. No hay nada más poderoso que tú, Señor, pero ¿vivo de acuerdo con esa verdad? Atesoro mucho conocimiento de tu Palabra y tus promesas en mi cabeza, pero no las dejo establecerse y crecer en mi corazón. Las dejo almacenadas como hechos positivos a los que puedo acceder cuando entran las penas, como una aspirina para el dolor muscular, pero no vivo por ellas. Señor, ayúdame a ponerlas como un sello sobre mi corazón. Ayúdame a atarlas a mi cuello para estar siempre consciente de ti. Amén.

Gloria por ceniza

Me ha enviado a darles una corona en vez de cenizas,
aceite de alegría en vez de luto,
traje de fiesta en vez de espíritu de desaliento.
ISAÍAS 61.3 NVI

Padre amado, en este momento siento mi vida como cenizas, lamento y desesperación. Intento tener una visión positiva, pero es difícil cuando las cosas simplemente empeoran. Temo que no haya fin a la tristeza. Esta angustia lo afecta todo. Me duele el estómago. No puedo dormir. Es difícil hasta cumplir con las tareas más insignificantes.

Pero, Padre, tú sabes todo eso, ¿no es cierto? Tú lo sabes todo sobre mí y has prometido no dejarme sola. Caminas a mi lado al pasar por la desolación. Y me aseguras que si me aferro a ti me llevarás a una situación mucho mejor.

Padre, mi esperanza está en ti. Sé que, a pesar de mi estado actual, me estás llevando a un lugar de gozo, belleza y felicidad. Ayúdame a quitarme las lágrimas para poder notar las dulces bendiciones que dejas en mi camino.

Cada vez que me sienta angustiada, recuérdame que ponga la mirada en las promesas de este versículo. Hay gloria, gozo y alegría atesorados para mí, junto con tu amor y fidelidad inagotables. Gracias por las cosas buenas que tienes para mí. Te amo y confío en ti. Amén.

Hazlo todo para la gloria de Dios

Que habite en ustedes la palabra de Cristo con toda su riqueza: instrúyanse y aconséjense unos a otros con toda sabiduría; canten salmos, himnos y canciones espirituales a Dios, con gratitud de corazón. Y todo lo que hagan, de palabra o de obra, háganlo en el nombre del Señor Jesús, dando gracias a Dios el Padre por medio de él.

COLOSENSES 3.16–17 NVI

❧

Gracias, Padre, por el mensaje de Cristo. Gracias por llenarnos con tu Espíritu y darnos los salmos, himnos y canciones que nos enseñan y bendicen tan abundantemente. Te pido que usemos siempre lo que nos has dado para glorificar tu nombre.

Padre, te ruego que el mensaje de Cristo sea algo primordial en mi vida, para que, haga lo que haga, pueda hacerlo con sabiduría y amor. No permitas que haga nada por reconocimiento o gloria, sino para que otros puedan conocerte. Cuando hable, escriba o cante, quiero que salga de un corazón agradecido por tus bendiciones en mi vida. Como dice tu Palabra: en ti vivimos, nos movemos y somos. Los dones y beneficios que disfruto no serían posibles sin ti. Que cada una de mis acciones sea realizada con la motivación apropiada: dar gloria a tu nombre.

Padre, purifica mis pensamientos y motivos para que las personas te vean a ti, no a mí, y te honren. Pon un cántico en mi corazón y ayúdame a cantarlo con gratitud a ti. Amén.

En ti estoy segura

No prevalecerá ninguna arma que se forje contra ti; toda lengua que te acuse será refutada. Ésta es la herencia de los siervos del Señor, la justicia que de mí procede
—afirma el Señor.

Isaías 54.17 nvi

❧❧

Cuán fantástica es la seguridad que me da este versículo, Señor. Gracias por invitarme a estar en la seguridad de tu presencia, donde puedo estar a salvo de los ataques del enemigo. Las armas de Satanás son inofensivas cuanto me refugio en ti.

Ya se trate de palabras malintencionadas, complots para causarme mal o falsas acusaciones, puedo estar confiada cuando me encuentro cerca de ti. Esas armas no prevalecerán; tú pones las palabras perfectas en mi lengua para refutar todas las mentiras. Tú me protegerás de las cosas más feas de la vida si te dejo hacerlo como tú quieres. A veces se me olvida, me aparto de tu manto de protección e intento luchar mis propias batallas, pero eso siempre es un error y lleva a confusión. Necesito tu constante protección, y tú estás siempre ahí para dármela.

Cuando pienso en la herencia que recibo por ser tu sierva, no puedo sino arrodillar mi corazón en total humildad. No me he ganado que me protejas o defiendas. Tú das gratuitamente todo lo que necesita a cada persona que acude a ti. Nos das las armas y la armadura para luchar nuestras batallas y salir de ellas indemnes.

Ser tu sierva es un privilegio increíble. Gracias. Amén.

Dormir en paz

En paz me acostaré y así también dormiré; porque sólo tú,
Señor, me haces habitar seguro.
SALMOS 4.8 LBLA

❧❦❧

Solo tú, Señor, eres mi seguridad. Ningún plan de seguros ni de jubilación ni ningún auto con la más avanzada protección es responsable de mi seguridad. Solo tú tienes el control de todos los aspectos de mi vida.

Bajo tu protección hay verdadera paz. Puedo poner mi vida, y la de los que amo, en tus manos, como soberano Dios del universo, en la absoluta confianza de que no nos sucederá nada que esté fuera de tu voluntad. Pero no solo eres soberano, también eres bueno y me amas. Por tanto, puedo estar segura de que hasta la más difícil de las circunstancias está dentro de tu control y, de alguna manera, ahora o en el futuro, redundará en mi bien o en el bien de otros.

Puesto que eres soberano, bueno y amoroso, puedo dormir en paz. No tengo por qué estar despierta en la noche pensando en todo lo que tengo que hacer o debería haber hecho. Todo está en tus manos. Toda la preocupación que he estado manteniendo con respecto a mi vida la dejo ahora a tus pies. Te ruego que me des paz acerca de cada circunstancia y me ayudes a ver que tú tienes el control.

Concédeme un sueño tranquilo y seguro esta noche, sabiendo que tú me haces vivir confiada. Amén.

Guíame en paz

Al de carácter firme lo guardarás en perfecta paz,
porque en ti confía.
Isaías 26.3 nvi

Señor, en ti confío. Eres mi paz y mi consuelo. En días como este tengo la cabeza llena de ruidos. Ideas creativas, preocupaciones, inquietudes, soluciones y posibilidades me gritan desde dentro. La vida cotidiana por sí sola ya puede estresarme, y me resulta difícil tranquilizarme; me cuesta orar.

Pero pienso en tu paz, en la quietud de una corriente de aguas vivas que derramas sobre mí. Dirijo la mirada a tu amor por mí. Recuerdo tus palabras; tú eres mi Buen Pastor y me guías. Tú me das lo que necesito. Todo lo que tengo que hacer es seguirte. Ayúdame a descansar y apoyarme en ti. Quiero seguirte, porque tú eres mi vida. Tú sabes a dónde necesito ir. Dirijo hacia ti mis pensamientos. Rechazo el resto del ruido.

Dame fuerzas y ayúdame a no agobiarme. Con tu ayuda puedo tener un corazón lleno de paz. Fijo en ti mis pensamientos y entrego todo lo que me inquieta en tus manos poderosas. Me niego a ser presa del temor o el nerviosismo; confío en que tú lo resolverás todo. Nunca me has fallado, y no lo vas a hacer ahora. ¡Tú eres mi paz! Cierro los ojos y descanso en ti ahora. Amén.

De paso con Dios

Por tanto, de la manera que habéis recibido al Señor Jesucristo,
andad en él; arraigados y sobreedificados en él, y confirmados
en la fe, así como habéis sido enseñados,
abundando en acciones de gracias.
Colosenses 2.6–7 rvr1960

❧ ❧

*D*ios de mis caminos, he recibido a Jesús como Señor de mi vida y Salvador de mi alma. Ayúdame a caminar con él como mi guía y con la Trinidad como mi acompañante. Arráigame en la verdad de que Jesús vino a salvar y a sanar todo lo que está roto en la Creación, y que él es la manifestación de tu ser, de tu amor, encarnado. Que las raíces de esta verdad hagan brotar en mí un amor abundante. Edifícame en el poder de Cristo para crecer fuerte en mi conocimiento de sus enseñanzas y en la vivencia de sus palabras. Forma en mí las características de tu Hijo, el postrer Adán, y que pueda yo esperar en Jesús mi retorno al estado del primer Adán antes de la caída. Capacítame para retener la confesión de mi fe, para permanecer firme en mis creencias, recordando lo que el Espíritu me ha enseñado, y confiando en que tú aceptas mis oraciones que llegan a ti de la mano de mi Sumo Sacerdote, que siempre intercede por mí. Al recordar lo que he aprendido y avanzar en el proceso, me inunda un espíritu de agradecimiento. Hazme perseverar «en la oración, velando en ella con acción de gracias» (Col 4.2 rvr1960). Amén.

Un corazón disciplinado

Porque ellos nos disciplinaban por pocos días como les parecía,
pero Él nos disciplina para nuestro bien,
para que participemos de su santidad.
HEBREOS 12.10 LBLA

❧❧❧

Señor mi Dios, con demasiada frecuencia llego a concentrarme tanto en mis luchas que me olvido de mirar los beneficios ocultos debajo de ellas. Una reprimenda no me parece una bendición hasta que escudriño la raíz fundamental de mi situación.

Por difícil que sea admitirlo, estoy agradecida por tu disciplina. Cuando mis decisiones erróneas me alejan de ti, me encuentro cara a cara con el remordimiento y, en ocasiones, con la pena. Entonces recuerdo tus palabras: «Al presente ninguna disciplina parece ser causa de gozo, sino de tristeza; sin embargo, a los que han sido ejercitados por medio de ella, les da después fruto apacible de justicia» (Heb 12.11 LBLA).

Tú me regañas, me reprendes y me instruyes porque me amas. Soy tu hija. Esos momentos son incómodos o dolorosos a primera vista. Pero entonces miro atrás y veo tu amorosa mano guiándome de regreso al camino de la justicia, de regreso a ti, Padre amado.

Qué maravillosa bendición saber que, como hija tuya, lo que soporto es una medida de disciplina. Y, al ser tu hija, puedo venir directamente a ti en mis momentos de necesidad, incluso cuando el dilema es para mi propio crecimiento. Gracias por amarme lo suficiente para castigarme y darme un corazón disciplinado por ti.

En el nombre de Jesús, amén.

Problemas en el trabajo

Todo lo puedo en Cristo que me fortalece.
FILIPENSES 4.13 RVR1995

☙❧

Amado Dios, gracias por mi empleo. Aprecio el trabajo que me has dado y los ingresos que me aporta. Pero, Señor, tengo problemas en el trabajo, y tu Palabra enseña que debo traer todo a ti en oración, todas mis necesidades.

Tú sabes acerca de las presiones que estoy enfrentando y la tensión que supone. Hay días en los que siento que me rindo. A veces me cuestiono mi capacidad para hacer bien mi trabajo. La carga laboral es pesada, y no sé si tengo fuerzas suficientes para soportarla. También me pregunto si estoy donde quieres que esté o debería cambiar de lugar.

Señor, por favor, ayúdame a tener la actitud correcta con respecto a mi trabajo y los que mandan. Ayúdame a soportar la presión y cumplir bien con mi cometido. Dame también la fortaleza para aceptar la carga de trabajo y hacer bien lo que me corresponde. Necesito tu sabiduría. ¿Estoy en el empleo correcto? ¿Estoy donde quieres que esté? Guíame y muéstrame el camino.

Quiero acordarme de trabajar como si lo hiciera para ti, ¡porque así es! Quiero hacer mi trabajo de una manera que te agrade, y que mi actitud refleje quién eres tú. Quiero que los demás te vean por medio de mí y de mi trabajo. Así que ayúdame, te lo ruego, amado Dios. Amén.

Cántico de noche

Me acordaba de mis cánticos de noche;
meditaba en mi corazón, y mi espíritu inquiría.
SALMOS 77.6 RVR1960

❧❧

Señor, hay momentos, como ahora, en los que no siento que te busque ni que entre en tu presencia. No tengo tiempo, pero es una excusa muy pobre y como una bofetada en la cara al Dios del universo. Deseo hacer otras cosas en lugar de leer tu Palabra, meditar en un versículo o hablarte. Aunque lentamente, como a un latido desbocado que se estabiliza, me atraes a tu abrazo y comienzo a meditar en tu cántico y tus palabras.

Pienso en tu bondad en tiempos de abundancia y sequía financiera, de alegría y dolor en las relaciones. En lo que respecta a las decisiones, especialmente las económicas, te presento a ti la inquietud, pero ya tengo una solución en mi cabeza y, si tu respuesta no está en sintonía con ella, desconfío y dejo de creer. Señor, perdóname por ser tan inflexible y reacia a obedecer o escuchar. ¿Cómo puedo llamarme hija y seguidora fiel cuando mi corazón y mi mente son hostiles a toda tu guía? Perdóname por arremeter contra otros, por no creer en ti. Señor, moldéame a tu voluntad; quiero ser barro en tus manos. Tú has provisto para mí en incontables ocasiones, desde la compra de la semana a la curación de amistades. Gracias por la gran aventura de conocerte y crecer en ti. Amén.

Maestro arquitecto

Reconstruirán las ruinas antiguas, y restaurarán los escombros
de antaño; repararán las ciudades en ruinas,
y los escombros de muchas generaciones.
ISAÍAS 61.4 NVI

❧

Padre amado, gracias por este versículo, por esta promesa para tu pueblo. Sé que se refiere a la nación de Israel, pero también es una promesa sobre mi vida. En este versículo hay esperanza. En este versículo encuentro razón para espantar mis temores y fijar la vista en un futuro hermoso, en ti.

Muchas áreas de mi vida dan la sensación de estar ya en ruinas, o a punto de estarlo. Las relaciones están dañadas y me preocupa que no tengan arreglo. Las cosas están rotas y desmoronadas, y parece que nunca se repararán. Pero, según este versículo, tú vas a arreglarlo todo.

Padre, tú eres el Maestro Arquitecto de mi vida. Tú la edificas, pero el pecado y otras acciones de mi elección han provocado daños importantes. Sin embargo, como tú eres el que me creó, sé que tienes el poder para volver a formarme, para reconstruir y restaurar lo que se ha perdido. En lugar de centrar mis pensamientos en la destrucción, ayúdame a poner la mente en la construcción que estás llevando a cabo. Sé que estás trabajando detrás del telón para formar algo bello e íntegro, algo incluso mejor de lo que puedo imaginar. Gracias por tu divino diseño en mi vida, Padre. Amén.

Oración para cuando estás afligida

Escucha, oh Dios, mi oración; no pases por alto mi súplica.
¡Óyeme y respóndeme, porque mis angustias me perturban! Me
aterran las amenazas del enemigo y la opresión de los impíos,
pues me causan sufrimiento y en su enojo me insultan.
Encomienda al SEÑOR tus afanes, y él te sostendrá; no
permitirá que el justo caiga y quede abatido para siempre.

SALMOS 55.1–3, 22 NVI

❧❧

Señor, confieso que me aflige lo que está pasando
en torno a mí. No me gusta lo que oigo decir y veo
hacer a otras personas. Por favor, dame una respuesta a
estos pensamientos de preocupación. No me siento bien
cuando estoy en desacuerdo con otros, pero sé que tengo
que responder por mis propios actos y palabras, no por
los de ellos.

Vivimos en un mundo en el que suceden a diario
cosas que nos asustan. Me preocupa que el mal prevalez-
ca tanto, que no se respete a las personas buenas y que
las familias estén tan separadas. Necesito tu ayuda para
recordar que tú tienes el control. Ayúdame a no tener
miedo de lo que la gente me diga o amenace con hacer
cuando no están de acuerdo conmigo. Me enfrente a lo
que me enfrente, sé que estás a mi lado. No estoy sola.

Señor, toma mis preocupaciones. Te las entrego a ti.
Sostenme al pasar por malos momentos. Gracias por la
promesa de que no permitirás que mi pie resbale, sino
que me mantendrás sobre la roca firme, inconmovible.
Amén.

Mi baluarte

El Señor será también baluarte para el oprimido,
baluarte en tiempos de angustia.
SALMOS 9.9 NBLH

❧❧

*P*adre amado que estás en los cielos, gracias por ser un refugio para mí cuando las cosas se ponen feas. Puedo correr hacia ti, mi baluarte, donde estoy a salvo y segura en medio de una situación desesperada. Me imagino una fortaleza, como un castillo fortificado, donde me refugio tras fuertes murallas de modo que nadie pueda hacerme daño.

Todos afrontamos tiempos en los que nos sentimos menesterosos, y aun teniendo alguna manera de conseguir ayuda, es a un precio que está más allá de nuestras capacidades. Pero tú estás ahí por nosotros, para proveer para todas nuestras necesidades, sin esperar nada a cambio. No podemos pagar la protección que nos das, ni tenemos que hacerlo. Todo lo que pides es que entreguemos nuestros corazones, nuestras vidas son totalmente para ti.

Nada que yo pueda ofrecer es equiparable al valor de lo que tú das, pero siempre estás listo para protegerme. Necesito tener tantas ganas de pedir tu ayuda como tú las tienes de ofrecérmela. Ves mi desesperación aun antes de que me dé cuenta de que me dirijo a una situación desesperada. Justo entonces preparas mi auxilio y, en cuanto clamo a ti, ya hay un refugio seguro listo y esperando.

Quiero acudir a ti sin demora, fortaleza mía. Amén.

Tú conoces todos mis caminos

*Oh Señor, tú me has escudriñado y conocido. Tú conoces
mi sentarme y mi levantarme; desde lejos comprendes mis
pensamientos. Tú escudriñas mi senda y mi descanso, y conoces
bien todos mis caminos. Aun antes de que haya palabra en mi
boca, he aquí, oh Señor, tú ya la sabes toda. Por detrás y por
delante me has cercado, y tu mano pusiste sobre mí.*
SALMOS 139.1–5 LBLA

Señor, aun cuando el hecho de que ves y conoces
todo lo que hago y pienso me resulta intimidatorio,
también es maravillosamente reconfortante. No puedo
extraviarme accidentalmente del camino que debería
estar siguiendo sin que te des cuenta. No te olvides de
mí ni permites que cometa errores porque estés mirando
hacia otro lado. En realidad, estás personalmente pendiente de cada momento de mi vida. Puesto que sabes
todo lo que hago, puedo confiar plenamente en que me
guiarás y me dirigirás por el camino que debo andar.

Siento que no soy merecedora de que te interesaras tanto por mí como para preocuparte por todo lo que
hago cada día. No tengo que preocuparme de que mis
oraciones te molesten o importunen, porque ya estás
prestándome tu atención antes incluso de que diga una
palabra pidiéndote algo. Qué gran paz puedo tener sabiendo que ni un paso que dé estará fuera de tu vigilante
y amorosa vista. Amén.

Aferrarme a Dios para mi futuro

Pues yo sé los planes que tengo para ustedes —dice
el SEÑOR—. Son planes para lo bueno y no para lo malo,
para darles un futuro y una esperanza.
JEREMÍAS 29.11 NTV

ℰ℘℘ℰ℘

*D*ios mío, tú me has creado para el éxito. Deseas lo
mejor para mí y has puesto en marcha ese plan. He
estado tan atareada procurándome mi futuro, tratando
de hacer que las cosas ocurriesen cuando yo dijera, que a
veces se me olvidó preguntarte qué es lo mejor. Cuando
pregunto, tengo que escucharte y seguir tus directrices.
Perdóname por las veces que se me ha ocurrido un plan,
lo he puesto en marcha y luego he orado para que lo
bendigas. Tus planes para mi vida son mucho más de lo
que podría pedir o imaginar.

En mi mente hay una lucha por el control de mi
futuro. Ceder ahí puede parecer algo que asusta, pero sé
que la fe me manda vivir cada día en el hoy siguiendo tu
guía. Confiaré en ti cada día en cuanto a mi futuro. Recuérdame por medio de tu Palabra que no debo preocuparme ni especular acerca de mi futuro. Tú has fijado mi
rumbo. Voy a escucharte cuando le hablas a mi corazón.
Dirige mi vida y muéstrame el futuro que has diseñado
para mí. Confío en que tienes un futuro asombroso para
mí. Amén.

El consuelo del Señor en Sion

Oídme, los que seguís la justicia, los que buscáis a Jehová.
Mirad a la piedra de donde fuisteis cortados, y al hueco
de la cantera de donde fuisteis arrancados.

ISAÍAS 51.1 RVR1960

*ios que defiendes la causa de tu pueblo, gracias por proporcionar una salida de la oscuridad para los que te siguen como la Verdad. Nuestros oídos están abiertos. Háblanos. Tú nos llevas a mirar a nuestro origen, a ver cómo hiciste de Abraham un pueblo poderoso porque su fe le fue contada por justicia. Hiciste nacer de la anciana Sara un hijo de la risa, del gozo en tu amor y la esperanza en tu promesa. Transforma el desierto de mis circunstancias en el jardín donde puedo caminar contigo como amigos. Llena esta etapa con alegría en mi relación con familiares y amigos, y con gozo para servir a los de la iglesia y a los compañeros del trabajo o los estudios. Me aferro a tu promesa de producir agradecimiento. Que mi voz se convierta en cánticos de alabanza aun en medio de las presiones.

Te alabo porque tu justicia es luz a las naciones y porque tu salvación es para siempre. Tú has prometido rescatar a tu pueblo de la esclavitud del pecado. El cuadro que estás pintando es precioso: regresaremos a ti con cánticos. Tu gozo eterno se derramará sobre nosotros, y ya lo ha hecho si abrimos nuestros corazones para sentirlo. Tú, roca y ayuda nuestra, eres nuestra fuente y consuelo. Amén.

Un corazón firme

Al de firme propósito guardarás en perfecta paz,
porque en ti confía.
ISAÍAS 26.3 LBLA

⚜

Amado Señor Jesús, tú nunca cambias. Eres el mismo ayer, hoy y mañana. De eternidad a eternidad, tu amor es para nosotros.

Pero nosotros cambiamos cada día. Pasando de niños a adultos, nuestros cuerpos sufren una transformación física. Luego se envejecen. Ganamos y perdemos peso. Nuestros conocimientos, actitudes y opiniones cambian conforme se desarrolla y madura nuestra mente. Aun nuestra fe en ti puede cambiar con bendiciones o luchas, en el mejor de los casos fortaleciéndose más y no menguando por la fatiga.

Tu Palabra nos da la fuerza para luchar con las cosas negativas que el mundo arroja ante nosotros. «Por tanto, mis amados hermanos, estad firmes, constantes, abundando siempre en la obra del Señor, sabiendo que vuestro trabajo en el Señor no es en vano» (1 Co 15.58 LBLA). Confiando en nuestro inmutable Salvador, podemos seguir haciendo tu obra, sabiendo que no es en vano. Aferrándonos a tu fe inamovible, tu perfecta paz no nos abandonará. Nuestros pensamientos angustiadores no tienen ninguna posibilidad contra tu espíritu apaciguador.

Hallamos esperanza en tu firme amor y anhelamos el momento en que nuestra vida de corrupción se vestirá de la incorrupción de la eternidad contigo. Lo que se siembra en deshonra resucitará en gloria. Lo que se siembra en debilidad resucitará en poder. Ya dejaremos de cambiar para siempre. Amén.

Cuando el mundo me desanima

No imiten las conductas ni las costumbres de este mundo, más
bien dejen que Dios los transforme en personas nuevas al
cambiarles la manera de pensar. Entonces aprenderán a conocer
la voluntad de Dios para ustedes, la cual es buena,
agradable y perfecta.
ROMANOS 12.2 NTV

❧❧❧

Amado Dios, cuando el mundo me desanima, estoy muy agradecida por saber que tú tienes el control. La televisión, los periódicos e internet están llenos de noticias de victorias de Satanás. Pero no son victorias, no en realidad, porque tu bondad resplandece por medio de tu pueblo que se levanta por encima del dolor y la tragedia y te da la gloria. Satanás nunca vence. La bondad siempre llega inmediatamente después del mal cuando las personas se ayudan unas a otras y trabajan para hacer del mundo un lugar mejor.

Cuando el mundo me desanime, ¡no cederé ni me rendiré! Señor, esto es lo que nos enseñaste a hacer: perseverar frente a la adversidad y aferrarnos a la fe. Cuando el mundo resulta preocupante, recuérdanos que no somos de este mundo. Te pertenecemos a ti, y un día vendrás para librar la gran guerra contra el mal. ¡Y vencerás! Tú siempre vences. Así que, cuando el mundo me desanime, recordaré eso.

Señor, mantén mis ojos abiertos a tu bondad a mi alrededor, y dame fuerzas en la adversidad. Gracias por todo lo que eres y todo lo que haces. Te amo, Señor. Amén.

Canciones de fortaleza

Vuelvan, pues, a la tarde, y ladren como perros, y rodeen la
ciudad. Anden ellos errantes para hallar qué comer; y si no se
sacian, pasen la noche quejándose. Pero yo cantaré de tu poder,
y alabaré de mañana tu misericordia; porque has sido mi
amparo y refugio en el día de mi angustia.

SALMOS 59.14–16 RVR1960

❧

Aunque mis preocupaciones, temores y enemigos parecen tan constantes como el amanecer de cada día, Señor, tú eres más inquebrantable. Tú eres más seguro que la llegada de la lluvia en primavera, que el descenso silencioso de la nieve en invierno, que el calor en verano y que la caída de las hojas en otoño. Tú eres el soberano sobre mi vida y las vidas de los que me rodean. No hay ni un pensamiento, ni una respiración que no observes. Mis angustias y preocupaciones no te pasan inadvertidas. Inclinas tu oído a mis palabras y, aunque a veces no parece que escuches, tu Espíritu anda a mi lado todos los pasos de este agotador camino. Gracias porque hasta en los momentos más oscuros y desérticos eres tú mi refugio.

Señor, consuela mi corazón. He probado numerosos remedios para aliviar mis nervios y me han dejado hueca como un viejo tronco muerto. Perdóname por no buscarte a ti; a ti, que creaste la paz, el orden y el alivio. Señor, tú eres mi lugar de reposo; quiero habitar en tu Palabra y tu presencia cada día. Quiero tener hambre de tu mano en mi vida, y buscar más formas de alabarte. Amén.

Una oración para aumentar la fe

*Es, pues, la fe la certeza de lo que se espera, la convicción de lo
que no se ve. Porque por ella alcanzaron buen testimonio los
antiguos ... Conforme a la fe murieron todos éstos sin haber
recibido lo prometido, sino mirándolo de lejos, y creyéndolo,
y saludándolo, y confesando que eran extranjeros
y peregrinos sobre la tierra.*
HEBREOS 11.1–2, 13 RVRI960

Señor, gracias, por la fe de aquellos hombres antiguos de la Biblia como Noé, Abraham y los primeros cristianos del libro de Hechos. Sus historias nos
desafían y persuaden a caminar en la fe. Según Hebreos
11, obtuvieron buen renombre.

Señor, aumenta mi fe. Cuando leo el relato de Hebreos sobre esas personas fuertes que escucharon tu voz y
te siguieron sin reservas, sé que ando escasa en ese aspecto. No me has pedido que construya un arca como a Noé,
ni que pelee una batalla como a Gedeón, pero siento que
me empujas a acercarme más a ti para cualquiera que sea
la tarea que me encomiendes. Fortalece la medida de fe
que me has dado para que pueda oírte hablar y seguir sin
vacilación.

Gracias, Señor, por la fe que somete reinos, obtiene
promesas y tapa bocas de leones. Ayúdame a estar abierta
a esta clase de fe. Que mi fe aumente de tal manera que,
cuando el león ruja o la batalla se recrudezca, no tenga
miedo. Ayúdame a vivir por medio de la fe en ti. Amén.

Humildad en la ansiedad

Humillaos, pues, bajo la poderosa mano de Dios, para que él
os exalte cuando fuere tiempo; echando toda vuestra ansiedad
sobre él, porque él tiene cuidado de vosotros. Sed sobrios, y
velad; porque vuestro adversario el diablo, como león rugiente,
anda alrededor buscando a quien devorar; al cual resistid
firmes en la fe, sabiendo que los mismos padecimientos se van
cumpliendo en vuestros hermanos en todo el mundo.

1 PEDRO 5.6–9 RVR1960

≈≈≈

*D*ios de los mansos, hazme humilde. Quiero ser en-
salzada, reconocida por ti, y no por las exaltaciones
pasajeras de las alabanzas humanas. Solo al reconocer
humildemente mis carencias puedo apenas darme cuenta de cuán espléndidamente misericordioso eres. Creo
que eres un Dios de gracia, que no solo eres lo bastante
poderoso como para cargar con mis problemas, sino que
me ordenas que te los entregue todos a ti por el amor que
me tienes. Echo toda mi ansiedad ante ti. Ayúdame a
permanecer vigilante y activa en lo que respecta a traerte
estos problemas, para poder resistir al diablo por medio
del poder de la fe. Hazme recordar que hay hermanos
por todo el mundo experimentando el mismo tipo de
sufrimiento. Muéstrame mi debilidad para que pueda
apreciar más la magnificencia de tu fuerza y ya no intente zafarme de mis angustias yo sola. Pongo la mirada en
la promesa de gloria eterna en Jesús, quien me restaurará,
confirmará, fortalecerá y establecerá. Amén.

Sus planes son perfectos

Porque yo sé muy bien los planes que tengo para ustedes
—afirma el Señor —, planes de bienestar y no de calamidad,
a fin de darles un futuro y una esperanza.

JEREMÍAS 29.11 NVI

❧

No puedo entender cómo puedes hacer planes para todos nosotros, pero tu Palabra lo dice, así que lo creo. Eso me recuerda cuán especial es para ti cada persona; todos somos vitales en el gran esquema del universo. Si no te interesaras tanto por nosotros, no habrías diseñado nuestras vidas para darnos una esperanza y un futuro.

Las cosas no suceden por casualidad. Tú dispones dónde vivimos, qué personas tienen impacto en nuestras vidas y qué vamos a llevar a cabo. Si fallamos, no tiras la toalla, simplemente reacondicionas los acontecimientos para devolvernos al lugar donde tenemos que estar. Deseo encajar perfectamente en tu propósito para mi vida, agradarte haciendo exactamente lo que me dices. Dame oídos para oír tu voz y un corazón para obedecer en cuanto sepa lo que tengo que hacer. Confío totalmente en ti, Padre celestial, sabiendo que ves la perspectiva completa de la eternidad. Tú sabes cómo entretejer todas nuestras experiencias y los acontecimientos de nuestra vida para hacer de cada uno de nosotros la persona que tenemos que llegar a ser.

Nosotros solo podemos ver nuestro pasado y nuestro presente. Tú estás preparando un futuro glorioso, mejor que los más exquisitos frutos de nuestra imaginación. ¡Gracias! Amén.

El trono de gracia

Porque no tenemos un sumo sacerdote que no pueda
compadecerse de nuestras flaquezas, sino uno que ha sido
tentado en todo como nosotros, pero sin pecado. Por tanto,
acerquémonos con confianza al trono de la gracia para que
recibamos misericordia, y hallemos gracia para
la ayuda oportuna.

HEBREOS 4.15–16 LBLA

Señor, me acerco a tu trono ahora con confianza y dejo ante ti toda mi ansiedad, tristeza y temor. Te pido que quieras concederme la misericordia y gracia que prometes en estos versículos.

Gracias, Señor, porque no eres un Dios que no pueda entender mi debilidad, temor y preocupación. Tú viviste en la tierra y experimentaste todas las emociones y dificultades con las que yo estoy lidiando. Tengo un Sacerdote y Mediador en los cielos que puede identificarse con mis luchas. Por tanto, puedo de verdad venir confiadamente, sabiendo que mis oraciones no caerán en saco roto. Cristo oirá mis oraciones con solidaridad y sabrá exactamente qué es lo que necesito conseguir por medio de cada lucha que estoy pasando, porque él también experimentó las luchas de este mundo.

Gracias porque el tuyo es un trono de la gracia. No es el trono del juicio ni de la indiferencia. Tú te sientas en tu trono como un Rey de amor que ofreces gracia a los que vienen a ti. Te pido que derrames esa gracia sobre mí ahora que estoy ante tu trono. Amén.

Créelo hasta que lo veas

Es, pues, la fe la certeza de lo que se espera,
la convicción de lo que no se ve.
Hebreos 11.1 rvr1960

❧ ❧

*S*eñor, se está librando una batalla en mi corazón y mi mente. Quiero creer; quiero verte en medio de mis circunstancias. Quiero creer lo que no se puede ver. Lucho contra lo que mis cinco sentidos físicos me dicen cada día, mientras me esfuerzo por confiar en que cambies las cosas. ¿Por qué es tan difícil? Quiero depositar toda mi confianza en tus promesas, te lo aseguro. Pero hay una parte de mí que le tiene miedo a recibir daño o decepción. Cuando el temor trata de establecer su residencia en mi corazón, ayúdame a creerte. Infúndeme tu fuerza y poder en medio de esos pensamientos de duda.

Te doy gracias por los muchos ejemplos escritos en la Biblia que demuestran que tu fidelidad obra para mi bien. Me niego a permitir que el miedo me impida cumplir el propósito que tienes para mí. Voy a depender de ti y a confiar en ti para hacer todo lo que has prometido. Cuando mis sentidos físicos no quieran apoyar aquello que creo que estás haciendo, me acordaré de las veces que he confiado en ti y me has ayudado. Sigo esperando en ti y creyendo hasta que vea tus promesas cumplidas: ¡mis oraciones respondidas y mi fe convertida en realidad! Amén.

David, toca el arpa

Jehová, no me reprendas en tu enojo, ni me castigues
con tu ira. Ten misericordia de mí, oh Jehová, porque
estoy enfermo; sáname, oh Jehová, porque mis huesos se
estremecen. Mi alma también está muy turbada; y tú,
Jehová, ¿hasta cuándo? Vuélvete, oh Jehová, libra mi alma;
sálvame por tu misericordia. Porque en la muerte no hay
memoria de ti; en el Seol, ¿quién te alabará?
SALMOS 6.1–5 RVR1960

❧ ☙

Mi gran Sanador y Libertador, ¿hasta cuándo, oh
Señor, sufrirán tus santos? Vuelvo a las oraciones
de David y veo un corazón agitado que sabía cómo venir
a ti. En su error suplicó misericordia, y lo mismo hago
yo, sabiendo que tú la derramas generosamente sobre los
creyentes arrepentidos. David tenía problemas terribles
en su nación, en su familia y en su propio corazón; lo
mismo que experimentamos los creyentes hoy. Sin embargo, te cantó sus preocupaciones. En mi inquietud,
permite que encuentre paz en el hecho de que la conoces
y actúas. Guíame al gozo inefable que hay en ti a pesar de mis circunstancias, por tu amor inalterable. Mis
huesos y mi alma pueden estar afligidos, pero confío en
que, igual que respondiste a David, sigues contestando
al clamor de tus hijos. Has oído mi súplica y aceptas mi
oración. Quiero cantar tus alabanzas. O para muerte o
para vida, tú haces lo que es bueno, y confiando en esto
encuentro paz. Amén.

El corazón hospitalario

Gozándoos en la esperanza, perseverando en el sufrimiento,
dedicados a la oración, contribuyendo para las necesidades de
los santos, practicando la hospitalidad.
ROMANOS 12.12–13 LBLA

&

*D*ios todopoderoso, cuando las almas de nuestros seres queridos están enfermas por la preocupación o el dolor causados por una palabra o acción desagradables, permítenos ser tus instrumentos de esperanza. Ayúdanos a reconocer tu intervención y a prestar atención a tu guía. Igual que has dado hospitales para las heridas y dolencias físicas, queremos ser tus hospitales para el espíritu.

Danos la confianza para llevar a ti a estas personas angustiadas en nuestro tiempo de oración. Conforme respondas nuestras oraciones, verán el poder de tu amor y restauración. Tú eres el Gran Médico que trae sanidad a nuestros cuerpos y almas. Las sanidades se presentan de muchas maneras. Casi siempre tienen lugar en el tierno corazón del perdón y la aceptación.

La práctica de la hospitalidad nos hará apartar la atención de nuestras preocupaciones. ¿Cómo vamos a seguir angustiadas cuando estamos contribuyendo a las necesidades de los santos? Nuestra perseverancia en la tribulación nos enseñará compasión por otros. Aprendemos a vestirnos «como escogidos de Dios, santos y amados, de entrañable misericordia, de benignidad, de humildad, de mansedumbre, de paciencia» (Col 3.12 RVR1960). Señor, te servimos de verdad cuando atendemos a las necesidades de los que sufren en medio de nosotros. Que vean tu amor inquebrantable por medio de nuestro servicio, que se gocen en la esperanza que viene solo de ti.

Te lo pedimos en el sanador nombre de Jesús. Amén.

Cuando me siento enferma

En mi angustia invoqué al Señor;
clamé a mi Dios,
y él me escuchó desde su templo;
¡mi clamor llegó a sus oídos!
SALMOS 18.6 NVI

❧❧

Señor, estoy preocupada por mi salud. Cuando me encuentro mal, me preocupa que mi cuerpo pueda tener algún problema grave. Tengo facilidad para dejar volar la imaginación y necesito que me ayudes con eso.

Tú me proporcionas todas las herramientas necesarias para mi bienestar: una dieta saludable, descanso, ejercicio y, sobre todo, fe en ti. Los médicos pueden traer salud y curación por medio de tu gracia y, por supuesto, tú tienes el poder para sanar a todos de lo que sea sin ayuda humana. Entonces ¿por qué me preocupo tanto?

Padre celestial, cuando me encuentro mal de salud y acudo a ti por tu ayuda, sé que me oyes. No dudo que me amas y quieres que esté bien. En la salud y en la enfermedad, eres tú mi defensor, mi esperanza y mi fuerza. Necesito recordar que tú me has provisto este cuerpo, pero que yo no soy mi cuerpo. La esencia de quién soy es mi alma, y mi alma está bien: tú la creaste, tú la salvaste por medio de la muerte y resurrección de tu Hijo. Mi alma nunca morirá.

Por tanto, ¡no voy a preocuparme! Voy a esforzarme por estar saludable y voy a mantener una actitud positiva, poniendo mi confianza en ti. Amén.

El primer pastor

He aquí que Jehová el Señor vendrá con poder, y su brazo
señoreará; he aquí que su recompensa viene con él, y su paga
delante de su rostro. Como pastor apacentará su rebaño; en su
brazo llevará los corderos, y en su seno los llevará;
pastoreará suavemente a las recién paridas.

ISAÍAS 40.10–11 RVR1960

❧

¿Cuántas veces he leído un pasaje de la Escritura y me
he saltado las descripciones que hace de ti? Es verdad
que escojo los pasajes que tratan de lo que haces por mí,
pero nunca me he detenido realmente a meditar en tu
carácter. Si deseo tu cercanía y una relación contigo, si
me esfuerzo por edificar y hacer crecer mi conocimiento
de ti, necesito buscarte en las Escrituras. ¿Qué revela este
pasaje acerca de ti?

Señor, tú no eres un Dios débil. Tu justicia y tu fuerza se hacen evidentes por medio de la creación y en los
corazones de tus hijos. Solo un Dios poderoso, valiente y
misericordioso vendría y traería sanidad a las vidas eno-
jadas, amargadas y rotas.

Cuando me doy cuenta de que adoro al Dios que
pesa los montes con balanza, que arranca a los tiranos
con solo rozarlos con su mano, eso me asombra. Pero,
al mismo tiempo, tú eres el Dios que arrimas a ti a los
corderos y confortas los corazones desgastados de tu rebaño. Quiero conocer más a este Dios. Quiero estudiar,
caminar y conversar con él. Este Gran Pastor que envió a
su Hijo para reunir al rebaño de nuevo con él, este Dios
me intriga y toca las fibras de mi corazón, atrayéndome
a él. Amén.

Esperanza en ti

No se avergonzarán los que esperan en mí.

Isaías 49:23 RVR1960

❧❧❧

*P*adre amado, «esperanza» es una palabrita curiosa. Solo cuatro sílabas que pueden cambiar una vida. La esperanza es la creencia de corazón en que sucederán cosas buenas. Es lo opuesto a otra palabra, más corta: «miedo».

Gran parte de mi vida ha estado regida por el miedo, la creencia de que va a suceder algo malo. Creo que la del temor es mi configuración por defecto; sin darme cuenta, doy por sentado lo peor. No estoy segura de por qué mi mente obra así, pero la mayoría de las cosas por las que he estado preocupada no han llegado a pasar. Incluso cuando ocurren cosas malas, rara vez son tan negativas como yo había pensado.

El problema es que no puedo disfrutar verdaderamente de las cosas buenas que pones en mi camino porque estoy demasiado ocupada obsesionándome con las cosas malas que podrían suceder. Necesito cambiar el modo de respuesta automática de mi mente, pero no sé cómo. Quiero que sea la esperanza, no el miedo, quien gobierne mis creencias.

Cada vez que me veo dando por sentado lo peor, Padre, haz que me acuerde de tu esperanza. Ayúdame a cambiar mis pensamientos para imaginar mi vida rebosando de amor, paz y gozo. Pensaré en relaciones arregladas, una vida restaurada y bellos nuevos comienzos. Confiaré en que tú harás que suceda todo lo bueno a su debido tiempo. Cuando confío en ti, sé que no seré decepcionada. Amén.

No te preocupes por el futuro

No se angustien. Confíen en Dios, y confíen también en mí.
En el hogar de mi Padre hay muchas viviendas; si no fuera así,
ya se lo habría dicho a ustedes. Voy a prepararles un lugar.
Y si me voy y se lo preparo, vendré para llevármelos conmigo.
Así ustedes estarán donde yo esté.

JUAN 14.1—3 NVI

❧❧

*S*eñor, creo en ti. A veces el diablo trata de hacerme dudar de tu Palabra y tus promesas, pero sé que son verdad. Cuando mi corazón esté afligido, háblame y recuérdame tu promesa de un futuro hogar contigo.

Cuando escucho las noticias y veo las cosas que pasan por el mundo, no sé qué le pasará a nuestro país, lo que a su vez me hace preocuparme por nuestra ciudad y nuestro estado. Oro por nuestros dirigentes, que hagan uso de la sabiduría para dirigir nuestro gobierno y dirijan sus ojos a ti y tu Palabra.

Tu Palabra me dice que, como cristiana, no tengo por qué preocuparme por estas cosas. Tú ya te has ocupado del futuro. Has preparado un lugar para los que confían en ti. Gracias por amarnos tanto como para ocuparte de nuestro porvenir.

Padre, apacigua mi espíritu angustiado y ayúdame a descansar en ti y en tus promesas. Que no tenga miedo al futuro. Amén.

Lo hiciste por tus enemigos

Pero Dios mostró el gran amor que nos tiene al enviar a
Cristo a morir por nosotros cuando todavía éramos pecadores.
Entonces, como se nos declaró justos a los ojos de Dios por
la sangre de Cristo, con toda seguridad él nos salvará de la
condenación de Dios. Pues, como nuestra amistad con Dios
quedó restablecida por la muerte de su Hijo cuando todavía
éramos sus enemigos, con toda seguridad seremos salvos
por la vida de su Hijo.
ROMANOS 5.8–10 NTV

❧ ❧

¡Señor Jesús, lo que hiciste por mí en la cruz sobrepasa
mi entendimiento! Yo no merecía nada, pero me diste
el don más glorioso de todos los tiempos: tu preciosa
vida. Viste un mundo de pecadores perdidos que mere-
cían ser condenados, pero tú llevaste nuestra condena.
¿Cómo puede nadie ignorar semejante acto de compasión extrema? Yo nunca habría reconocido que era tu
enemiga, pero, en mi ignorancia y orgullo, no me daba
cuenta de mi enorme necesidad.

¿Qué puedo hacer para mostrarte cuánto valoro lo
que hiciste? Todo lo que pides a cambio es que te ame.
¡Cuán simple petición! Y, sin embargo, cuán a menudo
vivo mi vida como si hubiera logrado algo importante yo
sola, y te dedico muy poca atención. Por favor, perdóname, Señor, aunque no merezco el perdón ni ningún otro
beneficio de tu parte. Lo que yo merezco no parece tener
importancia. Todo lo que importa es tu increíble amor y
misericordia. Eres maravilloso, Señor. Amén.

Fuerza en la debilidad

Y Él me ha dicho: Te basta mi gracia, pues mi poder se perfecciona en la debilidad. Por tanto, muy gustosamente me gloriaré más bien en mis debilidades, para que el poder de Cristo more en mí. Por eso me complazco en las debilidades, en insultos, en privaciones, en persecuciones y en angustias por amor a Cristo; porque cuando soy débil, entonces soy fuerte.

2 Corintios 12.9–10 lbla

❧

Señor, ayúdame a entender este importante concepto como Pablo lo entendía en estos versículos. Cuando soy débil es cuando tu poder puede manifestarse más claramente en mí.

Soy débil. Atravieso dificultades que minan mis fuerzas. A menudo me siento incapaz y no quisiera más que rendirme. En estas situaciones, ayúdame a «gloriarme» como Pablo. Que hasta pueda jactarme de mi debilidad para poder ser un testimonio a otros de cómo tus fuerzas son lo único que me mantiene en pie.

Recuérdame cada día que tu poder mora en mí. El mismo poder que creó el mundo y que levantó a Jesús de los muertos *mora en mí.* No hay mayor poder en la tierra, y se me ofrece a mí. Qué recurso tan grande tengo y cuán a menudo lo paso por alto.

Gracias por la debilidad y por las limitaciones que tengo, porque es cuando soy débil cuando puedo sentir y poner de manifiesto tu fuerza más claramente. Amén.

Fuerza inagotable

El ladrón no viene sino para hurtar y matar y destruir;
yo he venido para que tengan vida, y para que
la tengan en abundancia.
JUAN 10.10 RVR1960

❧

*J*esús, estoy cansada de mentiras. El enemigo de mi alma, el diablo, trae mentiras, medias verdades y culpa, intentando convencerme de que no eres todopoderoso. Trata de robarme la fe usando el temor como arma. Pero tú viniste a darme la vida y la capacidad de vivir con tu poder y fuerzas.

No fui creada para albergar un espíritu de cobardía, sino un espíritu de poder, lleno de amor y un total dominio propio. La palabra «poder» se traduce en ese versículo como la fuerza inagotable que viene de Dios. Así que, cuando el diablo venga a intentar robar poder de mí, trae esta palabra a mi mente y mi corazón. Tengo tu fuerza inagotable residiendo en mi interior. Puedo vencer.

Cuando el enemigo me recuerde que no puedo borrar mi pasado, yo haré memoria de que tú borraste mi pecado. Tú no me hablas desde la perspectiva de mis errores pasados, sino desde un lugar de libertad. Ayúdame a aprender de mi pasado y avanzar. Estoy perdonada y liberada de la condenación. Mi futuro, hoy y por toda la eternidad, no se basa en cuántas veces he fallado o he tenido éxito. Se basa en mi relación contigo. Gracias por perdonarme y por llenarme con tu inagotable fuerza. Amén.

Vigilantes de la mañana

Esperé yo a Jehová, esperó mi alma; en su palabra he esperado.
Mi alma espera a Jehová más que los centinelas a la mañana,
más que los vigilantes a la mañana.

SALMOS 130.5–6 RVR1960

Gran Estrella Resplandeciente de la Mañana, a veces me resulta insoportablemente difícil permanecer vigilante a través de la oscuridad. Estoy cansada de luchar por mantenerme despierta y atenta. Otras veces, los peligros de la noche me causan un temor aplastante. Pero yo espero en ti, Abba Dios. Espero porque contigo hay perdón, hay un amor siempre fiel y hay esperanza. Sé que mi espera no es pasiva, sino que está llena de vitalidad pasando tiempo en oración y en la lectura de tu Palabra. Siempre estás presente por medio del Espíritu Santo, pero son tus actos de redención lo que anhelo ver.

En los momentos de más intensas pruebas, es esperando que obre tu mano como combato la aprehensión de mi espíritu. Cultiva en mí la perseverancia para escuchar tu voz durante las noches oscuras de la vida. Da forma a mis ojos para que vean tu presencia y reconozcan tu toque. El salmista escribe que tú ofreces plena redención, y, aunque he experimentado tu obra de liberación en mi corazón por medio del sacrificio de Jesús, suspiro por la redención definitiva. Anhelo ver el retorno del Esposo. Así que voy a esperar. Ayúdame a esperar de manera más expectante y activa que incluso los vigilantes nocturnos, obedeciendo y permaneciendo en constante comunicación contigo. Amén.

Un corazón animado

Estas cosas os he hablado para que en mí tengáis paz.
En el mundo tenéis tribulación; pero confiad,
yo he vencido al mundo.

Juan 16.33 lbla

❧ ❧

Oh, Dios de gracia y de todo poder, quiero andar en el camino de la justicia, pero con demasiada facilidad me enredo en las ocupaciones de la vida diaria. Vivo en un mundo caído lleno de tribulación y angustia. En mis débiles intentos por retraer las causas de mi preocupación, el desánimo planea sobre mí como una nube negra. Tanto el presente como el futuro se ven sombríos. ¿Cómo puedo lidiar con esta desesperación?

Entonces tú me muestras la parte positiva: «Porque todo lo que es nacido de Dios vence al mundo; y esta es la victoria que ha vencido al mundo, nuestra fe» (1 Jn 5.4 rvr1960). No me has abandonado en mis pruebas, sino que las has vencido por mí. Mi destino no es el pesimismo. Puedo tener tu paz, que sobrepasa todo entendimiento, gracias a mi fe en tu Hijo, mi Señor Jesucristo. ¡Qué maravilloso regalo para animarme!

Que se extienda este regalo por mi corazón animado. Que, cuando alzo mi rostro a ti con alegría, sobre todo en tiempos de dificultad, otros puedan ver tu promesa de paz. Que vean al Hijo resplandecer en mi propio brillo y cobren ánimo ellos también.

Gracias, Padre celestial por cada oportunidad de compartir las bendiciones de tú ánimo.

En el nombre del Señor Jesús, amén.

En mi corazón

Crea en mí, oh Dios, un corazón limpio,
y renueva la firmeza de mi espíritu.
SALMOS 51.10 NVI

Oh, Padre celestial, cuán maravilloso don es tener tu amor clavado tan dentro de mi corazón. No hay nada más poderoso que el amor que tienes por mí. Vence sobre toda adversidad y transgresión. Tu amor me llena de perdón. Lava mi corazón de pecado. Y, cuando estoy aplastada y exhausta, es tu amor el que me reconforta y me da fuerzas para seguir.

En tu amor encuentro una gran paz, una paz que de veras sobrepasa mi entendimiento. Cuando estoy afligida, sé que estás ahí en mi corazón. Pongo el oído y escucho tu agradable susurro, casi como arrullándome: «Tranquila, hija mía, estoy aquí, te amo».

Siempre estás aquí esperándome, en mi corazón, listo para ayudarme, consolarme y amarme.

¡Y gozo! Hay un gran gozo en saber que tu amor es eterno. Tú estás conmigo dondequiera que vaya y haga lo que haga. Nada puede separarme de tu amor, nada en absoluto. En el peor de los momentos, tú me acercas a ti. Me tienes a tu lado y me amas con un amor tan puro que no hay duda de que viene de ti.

Oh, gracias, Dios. Gracias por amarme. Gracias por estar ahí, en mi corazón. Amén.

Proseguiremos en conocer al Señor

Mi porción es Jehová, dijo mi alma; por tanto,
en él esperaré. Bueno es Jehová a los que en él esperan,
al alma que le busca. Bueno es esperar en silencio
la salvación de Jehová.
LAMENTACIONES 3.24–26 RVR1960

～～

Señor, he usado tu Palabra como un manual de instrucciones, sacándola de los anaqueles únicamente cuando necesito guía o consuelo. Tus palabras me reconfortan, pero son mucho más que un remedio temporal: nos dan un vislumbre de tu carácter. En innumerables ocasiones he oído que tu Palabra es santa y sin error, pero ¿realmente proceso lo que eso significa? La Biblia es tu historia, escrita para revelarte a nosotros por medio de la lectura y meditación de su contenido.

Mi relación contigo daba la sensación de estar estancada y he dejado de buscarte y esperar en ti. Cuando dejo de esperar en ti, me apoyo en mi propia moralidad, sabiduría e ingenuidad para navegar en la vida. Estas características mías son tan útiles como un paraguas en un huracán. Las Escrituras me recuerdan que tú vas a responder, que eres inmutable; son mi incredulidad y mi orgullo egoísta los que causan calamidades. Quiero que mi alma te busque, proseguir en conocerte.

No puedo decir que entienda por qué pareces haber ocultado tu rostro de mí, pero sé que vendrás. Tengo esperanza en tu cuidado constante y en tus promesas eternas. Tú no cambias, y responderás a mi clamor. Amén.

Vengan a las aguas

¡Vengan a las aguas todos los que tengan sed! ¡Vengan a comprar y a comer los que no tengan dinero! Vengan, compren vino y leche sin pago alguno.
ISAÍAS 55.1 NVI

❧❧

*P*adre amado, mi espíritu se siente seco y sediento. Anhelo llegar a una situación en la que sepa que todo irá bien, donde la paz, el gozo y la felicidad abunden, pero no estoy segura que vaya a llegar. Y, cuanto más me esfuerzo por las cosas que quiero, más esquivas se vuelven.

¿Cuándo aprenderé a simplemente descansar en ti? ¿Cuándo entenderé, en lo más hondo de mí, que en ti puedo encontrar todo lo que necesito? Cuando tengo sed, tú me sacias. Cuando estoy sola, tú estás presente. Cuando tengo miedo, tú me confortas.

Tú eres quien me provee. Ya sea que me encuentre en pobreza física, en un torbellino emocional o en miseria espiritual, tú me das en abundancia todo lo que necesito. Y gratis. Sin embargo, por alguna razón, tengo problemas para confiar en ti. Con demasiada facilidad olvido cuán bueno eres.

Ayúdame a hallar reposo en ti hoy, Señor. Cuando mi espíritu se endurezca en la preocupación y el estrés, hazme recordar la espléndida mesa que me prepara tu amor, lista y esperando para que participe de ella. Cuando tenga hambre, sáciame. Cuando esté afanada, dame paz. Y, cuando me sienta sola y temerosa, confórtame con tu presencia. Gracias por amarme, Padre. Amén.

Gratitud por el amor de Dios

En esto se mostró el amor de Dios para con nosotros, en que
Dios envió a su Hijo unigénito al mundo, para que vivamos
por él. En esto consiste el amor: no en que nosotros hayamos
amado a Dios, sino en que él nos amó a nosotros, y envió a su
Hijo en propiciación por nuestros pecados. Amados, si Dios nos
ha amado así, debemos también nosotros amarnos unos a otros.
1 JUAN 4.9–11 RVR1960

❧ ❧

Señor, te adoro por el amor que has mostrado hacia mí y hacia el mundo. Nunca he conocido un amor tan grande como el que tú tienes por tu creación. Me siento bendecida por recibir este maravilloso don. Gracias por amarme cuando no soy fácil de amar. Gracias por mostrarme amor aun cuando te fallo y descuido nuestra relación.

Ruego por aquellos que no han experimentado todavía tu amor. Este amor no lo inició el hombre, sino tú. No solo dijiste palabras, sino que nos mostraste con tus hechos cuánto te preocupas por la humanidad. Que se den cuenta del gran regalo que has hecho al enviar a tu Hijo a morir por ellos. Abre sus corazones para que reciban el amor que tienes por ellos.

Señor, perdóname por no amar a los demás como debería. Dame un nuevo bautismo de tu amor. Ayúdame a amar a los que me parecen más difíciles de amar, a los que me han hecho daño y se han aprovechado de mí. Quiero amar, no solo con palabras, sino con hechos también. Ayúdame a amar a los demás como tú me has amado. Amén.

La bendición de Dios

Jehová te bendiga, y te guarde; Jehová haga resplandecer
su rostro sobre ti, y tenga de ti misericordia;
Jehová alce sobre ti su rostro, y ponga en ti paz.
NÚMEROS 6.24–26 RVR1960

༄ ❧

*S*eñor de la gracia, cuando era niña se proclamaba esta bendición bíblica al final de cada culto en la iglesia. Yo no la entendía, pero siempre daba una sensación de consuelo y paz. Y todavía la da. Me encanta pensar que me guardas en un lugar especial de bendiciones donde cuidas con ternura de mí y me mantienes junto a ti. Puedo estar en tu presencia y saber que nunca me echarás.

Tu rostro resplandece sobre mí, como el de mi madre cuando me arropaba en la cama por la noche. Siento tu amor. Sonríes y una luz sagrada resplandece desde tu rostro cuando miras a tus hijos. Puedo disfrutar al máximo a la luz de semejante amor. Me siento segura y a salvo. Cuando me miras, tu expresión me cubre de paz como una cálida frazada en la que te acurrucas cuando hace frío alrededor.

Es posible que otras personas me rehúyan o me dirijan palabras dañinas. Tal vez juzguen mis palabras o acciones. Tú me conoces totalmente y, sin embargo, no te quedas ahí sentado esperando verme hacer alguna estupidez para golpearme con un libro de reglas. En vez de eso, estás deseando bendecirme y guardarme, mostrar tu gracia conmigo y darme tu paz. ¡Cuán bella promesa! Amén.

En tu misericordia he confiado

Mas yo en tu misericordia he confiado;
mi corazón se regocijará en tu salvación.
Cantaré al Señor, porque me ha colmado de bienes.
Salmos 13.5–6 lbla

❧

Señor, parece que se nos recuerda a menudo que confiemos en tu poder, o en tu soberanía. Confiar en tu misericordia es un concepto diferente, pero hermoso.

Tu amor es *digno de confianza*. Tu amor nunca cambia. Tú no eliges amarme basándote en lo que he hecho o no por ti. No retiras tu amor cuando te decepciono. Nunca eres egoísta con tu amor. Confiar en tu misericordia significa que puedo estar absolutamente confiada en que tienes en mente lo que es mejor para mí. No me guiarás al camino equivocado. Las luchas que estoy soportando en este momento no están fuera de tu amor. Cuando no entienda cómo podrían mis circunstancias redundar en mi bien, te ruego que me des la fe para simplemente confiar en tu misericordia.

Gracias porque, en tu amor, me has dado la salvación. Esto da a mi corazón muchas razones para regocijarse, aun en medio de los sufrimientos de este mundo.

Señor, me has tratado con la mayor generosidad. Ahora te alabo por las muchas bendiciones y la maravillosa guía que me has dado en esta vida. Amén.

La hora de algo nuevo

No os acordéis de las cosas pasadas, ni traigáis a memoria las cosas antiguas. He aquí que yo hago cosa nueva; pronto saldrá a luz; ¿no la conoceréis? Otra vez abriré camino en el desierto, y ríos en la soledad.

ISAÍAS 43.18–19 RVR1960

❧

*P*adre celestial, las transiciones no suelen ser fáciles. Tú conoces mi pasado y, cuando algo me recuerda aquellas antiguas heridas, puede resultar difícil evitar que afloren aquellos sentimientos. Gracias a Cristo, tengo una esperanza para el futuro que supera con diferencia a mis viejas historias. ¡Estoy lista para entrar en el nuevo tiempo! Puedo sentirlo. Sé que se acerca. Hay algo nuevo y maravilloso en el horizonte. Actualmente estoy en una situación en la que nunca había estado. Tú estás conmigo, y lo siguiente ya casi ha llegado.

Has hecho algo nuevo en mí y para mí. Elijo hoy salir y vivir cada día de ahora en adelante en lo nuevo. No tengo tiempo que perder en el pasado. Gracias por darme un corazón nuevo, una nueva mente y una nueva actitud. Quiero experimentar tu amor, tu gozo y la emoción de esta nueva aventura contigo. Tú tienes una visión y un plan, y se está desarrollando poco a poco ante mí. Voy a aceptar lo que quieras hacer en mí y a través de mí. Voy a vivir en lo nuevo que tienes para mí, ¡comenzando ahora! Amén.

El corazón: donde habita Cristo

Para que habite Cristo por la fe en vuestros corazones, a fin de que, arraigados y cimentados en amor, seáis plenamente capaces de comprender con todos los santos cuál sea la anchura, la longitud, la profundidad y la altura, y de conocer el amor de Cristo, que excede a todo conocimiento, para que seáis llenos de toda la plenitud de Dios.

EFESIOS 3.17–19 RVR1960

❧❧

Padre, me postro ante ti pidiéndote que, con las abundancia de tu gloria, quieras fortalecer mi espíritu por medio de tu Espíritu. Tu conocimiento, paz y amor van más allá de lo que puedo comprender. Los seres humanos tenemos un entendimiento limitado de tu hermosa santidad, debido a nuestros corazones caídos, y aun así nos prometes una paz que excede toda posible percepción, y un amor que sobrepasa el conocimiento.

Habita en mi corazón, Mesías, y llénalo de una fuerte y gozosa confianza en ti. Fundamenta mis acciones en el amor sacrificial de Jesús. Moldea mis pensamientos para tener este amor obediente como fundamento. Dame, junto con el Cuerpo de Cristo en su integridad, las fuerzas para percibir tu amplitud, tu duración eterna, tu formidable estatura y tu profundidad. Jamás seremos capaces de captar del todo tu complejidad. Pero nos revelaste tu amor y tu personalidad por medio del sacrificio de Jesús para que pudiéramos comenzar a entender. A lo largo de esta travesía, tu pueblo es guiado y llenado con la plenitud de ti. Mi conocimiento es limitado, pero confío en tu amor, que resplandece más que el sol. Amén.

Un corazón que no se tambalea

Echa sobre el SEÑOR tu carga, y Él te sustentará;
Él nunca permitirá que el justo sea sacudido.
SALMOS 55.22 LBLA

❧

Amado Dios, tenemos un enemigo, un adversario que quiere zarandearnos. Es la voz que nos susurra la incertidumbre y la desesperanza en los corazones. Nos urge para que actuemos deprisa sin considerar las consecuencias. Quiere que estemos tan agitados por las circunstancias que no podamos pensar claramente ni escuchar tu apacible voz de sabiduría.

Con Cristo como abogado nuestro, podemos renunciar a estas irritantes distracciones. Nuestro Señor nos quita estas cargas y se enfrenta al maligno en nuestro lugar. Él demuestra que esas dudas y mensajes desesperanzadores no son nada más que feas mentiras. Tu verdad reina eternamente.

Como hijos tuyos, nuestras pruebas son pasajeras. Vendrán sobre nosotros con la regularidad de nuestro aliento, pero, cuando nos apoyamos en tu amor que nos sustenta, no podrán zarandearnos.

Nos has prometido un lugar eterno en tu reino inconmovible. «Por lo cual, puesto que recibimos un reino que es inconmovible, demostremos gratitud, mediante la cual ofrezcamos a Dios un servicio aceptable con temor y reverencia» (Heb 12.28 LBLA). Gracias, Dios Padre, por darnos esta esperanza a la que aferrarnos en nuestros tiempos de angustia. Confiaremos en ti.

Oramos en el maravilloso nombre de Jesús. Amén.

No se lo impidan

Cierto día, algunos padres llevaron a sus niños a Jesús para que los tocara y los bendijera, pero los discípulos regañaron a los padres por molestarlo. Cuando Jesús vio lo que sucedía, se enojó con sus discípulos y les dijo: «Dejen que los niños vengan a mí. ¡No los detengan! Pues el reino de Dios pertenece a los que son como estos niños».

MARCOS 10.13–14 NTV

✦

Amado Jesús, soy culpable de ser impaciente con mis hijos. Cuando estoy estresada y atareada y ellos reclaman mi atención, a veces reacciono de una mala manera. Necesito recordar, Jesús, que ellos no entienden toda la presión que el mundo pone en los adultos. Los pequeños no entienden por qué soy áspera con ellos cuando estoy preocupada con los asuntos del mundo.

Tú nunca permitiste que el mundo se interpusiera en tu camino. Siempre apartaste tiempo para los niños. Aun cuando estabas ocupado con las grandes multitudes de personas que querían tu atención, nunca echaste a los pequeños.

Quiero ser como tú, Jesús. Cuando esté atareada, en lugar de apartar a mis hijos, quiero tenerlos más cerca. Quiero hablar con amabilidad y ayudarlos a entender. Por favor, perdóname por mi impaciencia. Quiero ser una madre amable y sabia, una madre comprensiva que aparta tiempo para sus hijos, aun cuando el mundo me presione. Ayúdame, amado Jesús. Amén.

El peso de tu gloria

Y aquel Verbo fue hecho carne, y habitó entre nosotros
(y vimos su gloria, gloria como del unigénito del Padre),
lleno de gracia y de verdad.

JUAN 1.14 RVR1960

❧

Señor, cada día que pasa el mundo me pone más pruebas —otra factura, enfermedad, discordias en la oficina o el hogar— y todo eso sigue dale que dale en mi corazón. Cada emoción inclina la balanza de mi corazón, ya sea el alivio del gozo o el peso aplastante de la pena. Estoy paralizada por esta carga, y no es la carga de una mochila pesada. Estas preocupaciones y deseos amarran mi mente y mi corazón, imposibilitando casi por completo que me mueva. Pero el peso de ti, Señor, es libertad. ¿Quién sabía que las cadenas del egoísmo podrían ser tan pesadas y el peso de Cristo tan liviano? Tu gloria, el peso de tu sacrificio, justicia, presencia, misericordia, gracia y santidad libera mi alma. Quiero meditar en las maravillas que haces descender sobre el mundo, el único lugar que te odia, para salvarme. Ninguna otra cosa podría despertarme a la vida. Estaba muerta en mis transgresiones. Tú dejaste tu trono para salvar mi corazón podrido. Tu gloria se manifestó por medio de tu Hijo y su sacrificio. Tú no me soltarás, no dejarás que suelte mi mano de ti. Has mostrado tu gloria. Quiero llevar el peso de tu presencia, Señor, y no dejarlo caer jamás. Amén.

Cuando no entiendo

Porque mis pensamientos no son los de ustedes, ni sus caminos
son los míos —afirma el Señor—. Mis caminos y mis
pensamientos son más altos que los de ustedes;
¡más altos que los cielos sobre la tierra!
Isaías 55.8–9 NVI

❧

*P*adre amado, quiero entender por qué suceden las cosas. Cuando paso por dificultades, deseo conocer la razón. Pero a veces no parece haber ninguna. A veces la vida simplemente no tiene sentido, y eso me agobia.

¿Cuándo aprenderé a confiar en ti, Señor? Aunque yo no entienda mis circunstancias, tú sí. Tú lo tienes todo planeado y prometiste obrar para mi bien. En ocasiones tengo que atravesar lugares de clima inhóspito para llegar a un lugar mejor.

El problema es que yo solo veo lo que tengo justo delante. Justo aquí y justo ahora. Y cuando tengo una perspectiva triste, comienzo a experimentar la sensación de que es la única perspectiva que tendré. Se me olvida que, aunque yo solo puedo ver el hoy, tú ya has ido y regresado al futuro. Sabes lo que se avecina. Y yo, como hija tuya, puedo encontrar reposo sabiendo que nunca permitirás mi mal.

Hazme recordar hoy que, aunque yo no lo sé todo, tú sí. Hazme recordar que no tengo que entenderlo todo. Lo único que debo saber es que tú estás a cargo y que lo tienes todo bajo control. Amén.

Dios oye nuestras oraciones

Y esta es la confianza que tenemos en él, que si pedimos alguna cosa conforme a su voluntad, él nos oye. Y si sabemos que él nos oye en cualquiera cosa que pidamos, sabemos que tenemos las peticiones que le hayamos hecho.

1 JUAN 5.14–15 RVR1960

❧❧

Señor, gracias por la confianza que podemos tener cuando oramos. Tu Palabra nos dice que podemos acudir a ti sin dudar, sabiendo que nos oyes.

Confieso que a veces no oro lo suficiente o pido mal, como escribe el apóstol en Santiago 4.3. La confianza viene cuando oro conforme a tu voluntad. Necesito tu ayuda en esta área, porque en ocasiones mi voluntad quiere prevalecer. ¿Por qué se me ocurre siguiera que sé lo que es mejor? Señor, a veces me pongo tensa por las circunstancias y oro, diciéndote cómo arreglar el problema. Tremenda necedad por mi parte. Pablo nos enseña en Filipenses 4.6 que no estemos afanosos por nada, sino que te presentemos nuestras peticiones con oración y acción de gracias. Entonces, como dice 1 Juan 5.15, tú nos oirás y nos darás lo que pidamos.

Padre, ayúdame a someterme a tu voluntad para mi vida, para que pueda así tener la confianza de acudir a ti en mis momentos de necesidad. Sé que oirás y proveerás lo necesario para ocuparte del problema. Ayúdame a no pedir bobadas, sino únicamente peticiones que te agraden. Amén.

Divino reposo

¡Vengan a mí todos los que están cansados y agobiados, y yo
les daré descanso! ¡Pongan mi yugo sobre ustedes y aprendan
de mí, que soy sencillo y humilde de corazón! Así encontrarán
descanso para su espíritu, porque mi yugo es fácil de llevar,
y mi carga ligera.

MATEO 11.28–30 BLPH

Amado Dios, tú nunca me pides que lleve una carga que sea demasiado pesada. A veces siento que tengo más trabajo del que puedo hacer o la tarea es demasiado difícil, y me siento agobiada. Lucho con la agenda, con mi capacidad o con la falta de interés en algún proyecto con el que me he comprometido. Pero si hago una pausa suficiente para hablar contigo de ello, consigo una perspectiva diferente. ¿He aceptado una responsabilidad que tú no tenías para mí? ¿Me sentí presionada para emprender algo aun cuando el sentido común me instaba a no hacerlo? ¿Era tu voz la que he ignorado?

En ocasiones, cuando me encuentro en situaciones que me agotan, no puedo excusarme. Me he comprometido y, si no cumplo, la carga pasará a otra persona. Pero, cuando te traigo estas pesadas cargas a ti, parecen más livianas. Tú puedes capacitarme para hacer más de lo que me siento capaz de hacer. Puedes guiarme hacia otra persona que esté más cualificada para cumplir con la tarea y pueda encargarse sin agobio.

Enséñame a venir ante ti antes de asumir ninguna carga. Amén.

Deléitate en el Señor

Pon tu delicia en el Señor, y Él te dará las peticiones de tu corazón. Encomienda al Señor tu camino, confía en Él, que Él actuará ... Confía callado en el Señor y espérale con paciencia; no te irrites a causa del que prospera en su camino, por el hombre que lleva a cabo sus intrigas.

SALMOS 37.4–5, 7 LBLA

❧

Señor, perdóname cuando no te tengo como mi principal deleite. Perdóname cuando anhelo otras cosas más que a ti. Ruego que me ayudes a hallar deleite en ti cada día. Abre mis ojos a tu belleza y tu gloria para que pueda ponerte por encima de todo lo demás en mi vida. Conforma mis deseos a tu voluntad.

Te encomiendo ahora mi camino. Dejo toda mi ansiedad y temor por los planes para el futuro. Confío en que tú despejarás mi camino.

Descanso en ti, sabiendo que tu presencia es el lugar más seguro. Concédeme la paciencia que necesito para esperar a que tú obres en lugar de intentar de ocuparme yo sola de las cosas. Gracias por haber prometido ocuparte de mí cuando confío en ti.

Guárdame de inquietarme por toda la maldad que hay en el mundo. Dame la perspectiva eterna que tú tienes para recordarme que en última instancia la victoria es tuya. Amén.

Adiós al ajetreo

Luego dijo Jesús: «Vengan a mí todos los que están cansados y
llevan cargas pesadas, y yo les daré descanso».
MATEO 11.28 NTV

❦

Señor, hay muchas cosas buenas de las que quiero formar parte, pero no puedo con todo. Hoy me veo sobrecargada de compromisos y me doy cuenta de que no estoy pasando tiempo contigo. Perdóname por dejar que se desequilibren mis prioridades. Cuando ya no me quedan fuerzas para cumplir con todo lo que he prometido, haz que eso me sea como una alarma. Que sirva para señalarme que quizás no todo lo que estoy haciendo es lo que *debería* estar haciendo. Cuando mi lista de quehaceres y mi deseo de ayudar afecten mi relación personal contigo, es el momento de detenerlo todo. No quiero estar demasiado ocupada como para oírte. Necesito oír tu voz cada día.

Ahora me tomo un tiempo para estar a solas contigo. Dejo mis planes ante ti. Mi agenda es tuya. Muéstrame qué quieres que haga y qué quieres que descarte. Dame valor para dejar las cosas que no quieres que haga hoy. Voy a presentarte mis compromisos antes de aceptarlos, para que tú pongas las prioridades en mi vida. Por encima de todo, quiero agradarte. Amén.

La angustia de la separación

*Y venido Eliseo a la casa, he aquí que el niño estaba muerto
tendido sobre su cama. Entrando él entonces, cerró la puerta
tras ambos, y oró a Jehová.*

2 Reyes 4.32–33 rvr1960

❧ ❧

Dios de los vivos, no puedo imaginar la angustia que
debió de sentir el profeta Elías cuando oyó que el
hijo que le habías dado a la fiel sunamita había muerto.
La pérdida de los seres queridos es algo terrible, pero es
un sentimiento que se puede paliar con el consuelo de
Jesús. Él sabe lo que significa sufrir pérdida. Gran Consolador, conforta a los que han perdido a un ser amado.
Prepara el corazón de los que están a punto de experimentar esta separación para que busquen paz en ti. En
los tiempos de enfermedad y muerte, mantén los corazones de tu pueblo firmes en ti.

Así como Eliseo tuvo ante sí el ejemplo de Elías
(quien oró por el hijo fallecido de la generosa viuda
de Sarepta), que los creyentes de hoy cobremos ánimo
mirando a los guerreros fieles del pasado. En medio de
dramáticas adversidades, siguieron viendo tu gracia. En
última instancia, tú eres nuestra porción y sustento, y a ti
clamamos por sanidad. Adonai, Rey de reyes, gracias por
oír la oración de Elías y devolver a la vida al niño. Sin
embargo, muchos no experimentan la sanidad en este
mundo. Ayúdanos a conocer la sanidad y consuelo com-
pletos, sea en esta vida o en la venidera, por medio de la
victoria de Jesús sobre la muerte. Amén.

Un corazón humilde

Escudríñame, oh Dios, y conoce mi corazón; pruébame y conoce
mis inquietudes. Y ve si hay en mí camino malo,
y guíame en el camino eterno.
SALMOS 139.23–24 LBLA

❧❧❧

*P*adre celestial, vengo a ti en oración, pidiéndote
que me examines, que conozcas mi corazón y mis
pensamientos de angustia. Pero tú ya los conoces. Me
has conocido desde antes de nacer. No te doy sorpresas,
especialmente en tiempos de adversidad.

Te pido que, por mi bien, escudriñes mi corazón,
para enseñarme mis caminos perjudiciales. Cuando el
estrés y la lucha me agobian, no veo cuán insensible soy
a las necesidades de otros.

Ver los resultados de tu mano poderosa pero tierna
cuando se mueve en mis circunstancias me hace más humilde. En ocasiones me hace caer de rodillas ante tu trono de gloria. Soy incapaz de salir de mis aprietos sin tu
divina intervención, que con frecuencia incluye la ayuda
de seres queridos, amigos o extraños. Mi orgullo se interpone y la aparto.

Solo con la humildad puedo mirar más allá de mis
afanosos pensamientos y ver cuánto daño causo a otros
que se cruzan en mi camino. Entonces tengo que orar:
«Crea en mí, oh Dios, un corazón limpio, y renueva un
espíritu recto dentro de mí» (Sal 51.10 RVR1960).

Examíname, pruébame y ayúdame, Señor. Con un
corazón limpio y humilde puedo seguir tu guía en el camino del amor eterno.

Te lo ruego en el nombre de Jesús. Amén.

Oración por un corazón quebrantado

Con gran angustia comenzó a orar al Señor y a llorar desconsoladamente. Como Ana estuvo orando largo rato ante el Señor, Elí se fijó en su boca. Sus labios se movían pero, debido a que Ana oraba en voz baja, no se podía oír su voz. Elí pensó que estaba borracha.

1 Samuel 1.10, 12–13 NVI

Amado Dios, tengo el corazón roto. La tristeza me abruma. No tengo más sentimientos que una tristeza intensa y profunda. ¿Hasta cuándo, Padre? ¿Hasta cuándo voy a sentirme tan destrozada y perdida?

Los amigos y la familia tratan de ayudarme. Intenta llenar el vacío de mi interior con su bondad y amor. Y, aunque los aprecio, Padre, y valoro lo que hacen, nada puede llenar el vacío: solo tú.

Clamo a ti de día y de noche. Las lágrimas caen por mis mejillas y sé que las ves. Sé que me oyes y me comprendes. Me verás superar esto, Padre. Creo que lo harás. Pero ahora mismo, hoy, necesito que me consueles.

Cuando no tengo palabras con las que orar, oigo al Espíritu Santo orando por mí. Venda mi corazón herido con tu amable amor e inúndame con tu reconfortante presencia. Haz brillar tu luz en mi oscuridad y sácame de este valle.

Oh, Señor. Tú eres el Gran Sanador, el que cura los corazones heridos. Ven a mí, Padre. ¡Ven a mí ahora y lléname de ti! Amén.

Lo que Dios demanda

*¿Con qué me presentaré ante Jehová, y adoraré al Dios
Altísimo? ¿Me presentaré ante él con holocaustos, con becerros
de un año? … Oh hombre, él te ha declarado lo que es bueno, y qué
pide Jehová de ti: solamente hacer justicia, y amar misericordia,
y humillarte ante tu Dios.*

MIQUEAS 6. 6, 8 RVR1960

Señor, cuando tengo el corazón endurecido y frío, solo tu Palabra, tu voz y tu Espíritu pueden sanarme. El Dios del universo desciende y sopla vida en mi corazón. Nunca he sido el centro de la salvación, la creación ni esta vida. ¿Qué demanda de mí, pecadora, el Dios del universo? Me pide que haga justicia, ame la misericordia y ande en humildad con él.

Señor, confieso que rara vez he cumplido ninguna de esas acciones, y, cuando las he hecho, no ha sido de todo corazón, como tú mereces y deseas. Recuerdo aquellos tiempos en los que meditaba en tu gloria y tu gracia y el gozo llenaba mi alma. Todas las cosas palidecen al compararse con la maravilla y belleza de tu presencia. Caminar en humildad contigo es un honor vitalicio y un deleite eterno que me has concedido. Señor, perdóname por dar por sentada mi relación contigo. En estos tiempos frenéticos en los que no sé qué acción emprender, quiero recordar tu Palabra para hacer justicia, amar misericordia y andar en humildad contigo. Que no vea ni la bondad ni el dolor en mi vida como obra mía: todo ello viene de ti y está bajo tu control. Estoy en tus brazos. Amén.

Un lugar hermoso

Ustedes saldrán con alegría y serán guiados en paz. A su paso, las montañas y las colinas prorrumpirán en gritos de júbilo y aplaudirán todos los árboles del bosque. En vez de zarzas, crecerán cipreses; mirtos, en lugar de ortigas. Esto le dará renombre al SEÑOR; será una señal que durará para siempre.

ISAÍAS 55.12–13 NVI

*Padre amado, gracias por las bellas promesas que encuentro en este versículo. Cada parte de él me estremece el corazón. Saldré con alegría. Un día, el gozo llenará mi vida. Puedo imaginármelo ya, con risas y expresiones de alegría por toda mi alma.

Seré guiada en paz. Toda la lucha y confusión, todas las relaciones rotas y dolorosas serán un día sanadas y mi corazón dejará de estar tan lleno de tristeza. Un día, el amor barrerá el conflicto, el enojo y la amargura, y habrá un amable entendimiento entre las personas que llevo en el corazón. Habrá paz.

Señor, gran parte de mi vida parece zarzas y ortigas. Pero tú has prometido cipreses y aromáticos mirtos. El gozo y la paz que rebosarán de mi alma serán una señal que guiará a otros a ti.

Padre, estoy lista. Estoy lista para ese gozo y paz. Lista para que las zarzas y las ortigas sean sustituidas por cipreses y mirtos. Confío en ti. Mi esperanza está en ti. Gracias por obrar en mi vida para traerme a este hermoso lugar. Amén.

A la mañana vendrá la alegría

Porque un momento será su ira, pero su favor dura toda la vida. Por la noche durará el lloro, y a la mañana vendrá la alegría ... Has cambiado mi lamento en baile; desataste mi cilicio, y me ceñiste de alegría.

SALMOS 30.5, 11 RVRI960

❧ ❧

Señor, es difícil sentir gozo en medio del dolor. La pena y la angustia pueden cegarme al hecho de que tú tienes el control y de que esta angustia no durará para siempre. Las noches pueden ser terriblemente largas cuando no puedo ver debido a la oscuridad que rodea mi mundo.

Perdóname, Señor, cuando me dejo cegar por las pruebas, cuando olvido que tú eres quien lleva mis cargas. A veces me centro demasiado en mí misma y no puedo pensar más que en mí y en lo que siento. Sé que la autocompasión no te agrada. Me arrepiento de esos sentimientos egoístas y te pido visión espiritual para ver lo que otros están sufriendo.

Ayúdame a recordar que en ti tengo vida, y que la vida se puede vivir en la luz aun cuando la oscuridad amenace mi sentir de bienestar. Todos experimentan las lágrimas en su momento, y mi vida no es una excepción, pero tu Palabra promete que a la mañana vendrá la alegría. Tú convertirás estas lágrimas en regocijo y me llenarás de alegría.

Ningún sentimiento se acerca al gozo que pones en nuestros corazones. Ese gozo destierra la oscuridad y la autocompasión, y pone un cántico de alabanza en mis labios. Gracias, Señor, por la alegría de la mañana. Amén.

El amor que Dios quiere

*El que tiene Mis mandamientos y los guarda, ése es el que Me
ama; y el que Me ama será amado por Mi Padre;
y Yo lo amaré y Me manifestaré a él.*
JUAN 14.21 NBLH

❧

¿Qué buscas en las personas que te aman de verdad,
Señor? Sé que no tenemos que ganarnos tu amor, ni
podemos, y que nos amas incondicionalmente. Tú dices que el que te ama guarda tus mandamientos. Puedo
recitar los Diez Mandamientos, pero a veces me hacen
tropezar. Yo nunca admitiría tener otros dioses, pero en
ocasiones permito que cosas triviales controlen mi vida.
Escojo qué puedo hacer en función de cuánto me cuesta
o cuánto tiempo me tomará. ¿Habré hecho del dinero o
de la agenda un dios?

Confieso que no guardo el sagrado día de reposo,
que a veces envidio a otros y que he mentido más de lo
que quiero reconocer. Gracias porque esas cosas no hacen que tires la toalla conmigo, sino que desees con todo
tu corazón mostrarme el amor que buscas. Sé que es más
que simplemente hacer *cosas*.

Tú me pides mi vida entera. Cuando sea totalmente
tuya, haré lo que me pidas porque me encanta hacerte
feliz. Te doy a ti, Señor, todo lo que me importa. Amén.

Nunca desamparada

Por el SEÑOR son ordenados los pasos del hombre, y el SEÑOR
se deleita en su camino. Cuando caiga, no quedará derribado,
porque el SEÑOR sostiene su mano. Yo fui joven, y ya soy
viejo, y no he visto al justo desamparado, ni a su descendencia
mendigando pan.
SALMOS 37.23–25 LBLA

Señor, tú has dispuesto mis pasos. No vago por esta vida sola y sin propósito. Has planeado exactamente adónde iré. Y te deleitas al verme seguir tu camino. Es increíble que puedas deleitarte en una vida tan minúscula. Lo que da valor a mi vida es saber que te regocijas en ella. Ayúdame a ser un reflejo de tu deleite y gloria para los que me rodean.

Gracias por haberme guardado de caer. Tú me sostienes de modo que, aun cuando pienso que ya he tocado fondo, estás por debajo para ayudarme y ponerme de nuevo en pie. Quiero apoyarme más y más en ti, sabiendo que estás ahí a mi lado a cada paso que doy.

Gracias, Señor, por este testimonio de que no desamparas a tus hijos. Nunca me abandonarás ni te olvidarás de mí. Aunque todos los demás me abandonen, tú seguirás siendo mi Padre y Amigo. Nada ni nadie podrá separarte de mí. Amén.

Dedica tiempo a la risa

El corazón alegre constituye buen remedio;
mas el espíritu triste seca los huesos.
PROVERBIOS 17.22 RVR1960

Jesús, la Biblia dice que eras Dios y hombre. Creo que experimentaste todas las emociones que yo experimento, incluyendo el gozo, que produce la risa. Puedo imaginarte riendo y bromeando con tus amigos con una sensación de alegría y diversión. En ocasiones, la vida puede ser demasiado seria. Me parece que me tomo demasiado en serio y puedo olvidarme de experimentar el gozo y la risa. La vida puede ser estresante, pero un corazón alegre puede ayudar a aliviar la tensión y permitir que los momentos difíciles resulten menos adversos. Ayúdame a estar más relajada y a vivir con un poco más de ruido de risas.

Perdóname por perder esas oportunidades de diversión con los amigos y la familia, o incluso de reírme de mí misma. Tú me das oportunidades para pasar tiempo con los amigos y compartir la alegría. A veces estoy tan concentrada en el trabajo o las actividades que me pierdo la alegría de lo que sucede a mi alrededor. Abre mis ojos para ver el lado más divertido de las situaciones. Quiero aportar a la vida de los demás un corazón alegre, en lugar de intoxicarlos con palabras negativas.

Háblale a mi corazón y ayúdame a ver el mundo con lentes de buen humor. Enséñame acerca de tu sentido del humor. Dame ejemplos en tu Palabra para ver cómo tu alegría y tu risa se extendieron sobre otros. Amén.

Armas poderosas en Dios

Porque las armas de nuestra milicia no son carnales, sino
poderosas en Dios para la destrucción de fortalezas,
derribando argumentos y toda altivez que se levanta contra
el conocimiento de Dios, y llevando cautivo todo pensamiento
a la obediencia a Cristo.

2 Corintios 10.4–5 RVR1960

❧

*P*ríncipe de Paz, enséñame cómo estar preparada para las batallas de este mundo. Los creyentes quedan atrapados en el estrés y se apoyan en frágiles recursos humanos para combatir el temor y la inquietud. Perdóname por apoyarme en mis supuestas fuerzas, que en realidad son debilidades. Me obsesiono con mis preocupaciones y situaciones personales sin la espada del Espíritu para esquivar las dudas.

Cíñeme con el cinturón de la verdad para tener a Jesús como el camino, la verdad y la luz que rodee siempre mis pensamientos y acciones. Que la coraza de la justicia recibida por medio de la fe en Jesús me proteja contra los pensamientos de autosuficiencia moral o de indignidad. He sido hecho digna de entrar en tu presencia por la sangre justa de Jesús.

Haz que me ponga el calzado del evangelio de paz para caminar como alguien reconciliada con mi Creador y extender las buenas noticias de la reconciliación. Quiero levantar siempre el escudo de la fe para protegerme de los engaños del diablo. Pon en mi cabeza el yelmo de la salvación, para que sepa que soy tuya y tú eres mío para siempre. Tu armadura tiene poder para destruir las fortalezas más opresivas. Traigo a ti toda preocupación. Entonces mi angustiado corazón conocerá tu paz, que guarda mi corazón y mis pensamientos en Cristo. Amén.

Un corazón abierto

Pedid, y se os dará; buscad, y hallaréis; llamad, y se os abrirá.
MATEO 7.7 LBLA

❧ ❧

Señor y Dios, tengo pensamientos perturbadores que parecen un ataque a gran escala. Me encojo y cierro como una florecilla asustada. Cuando me derrumbo de desesperación, encierro esas angustias en mi interior. Solo puedo quitármelas si me abro de nuevo. Tú me ayudas a hacerlo con tu Palabra.

Cuando oro que abras mis ojos para ver tus milagros y maravillas, tú me diriges a Salmos 119.18: «Abre mis ojos, y miraré las maravillas de tu ley» (RVR1960). Entender tu Palabra me da una perspectiva celestial.

Si oro que abras mis oídos para oír tus palabras de ánimo, respondes con las palabras de Job 36.10: «Despierta además el oído de ellos para la corrección, y les dice que se conviertan de la iniquidad» (RVR1960). Tú permites algunas pruebas para captar mi atención.

Si oro que abras mi boca para alabarte, consciente de que estás cerca, encuentro: «Abre mis labios, oh Señor, para que mi boca anuncie tu alabanza.» (Sal 51.15 LBLA).

Si oro que abras mi corazón para aceptar tu voluntad, tú me muestras tu amor con: «¿Cuánto más vuestro Padre que está en los cielos dará cosas buenas a los que le piden?» (Mt 7.11 LBLA).

Te pido ayuda. Tú estás aquí. Busco tus soluciones. Tú las revelas. Llamo a tu puerta en fe. Tú la abres.

Con mi corazón abierto a ti, Señor, puedo dejar mi aflicción y aceptar tu paz. Amén.

La oración de una perfeccionista

He visto que todo lo perfecto es limitado,
pero es inabarcable tu mandato.
SALMOS 119.96 BLPH

❧

Amado Padre celestial, reconozco que soy una perfeccionista. Soy culpable de pensar que todo lo que hago tiene que ser perfecto (¡y también soy culpable de creer que soy perfecta!). Llevo conmigo esta carga del perfeccionismo cada día, y le añado la carga de la ansiedad resultante de ser imperfecta. Te confieso, Padre, que me he esforzado tanto por alcanzar la perfección que he olvidado que nadie puede ser perfecto, excepto tú.

No soy como tú, no puedo hacerlo todo impecablemente completo y terminado. Por favor, ayúdame a recordarlo. Recuérdame que mi imperfección es un don porque me enseña a descansar en ti y a estar sobrecogida ante tu grandeza. Enséñame que hay una diferencia entre esforzarme todo lo posible por agradarte y luchar por ser perfecta para mi propia complacencia.

Padre, perdóname. He dirigido mi atención a cómo quiero que los demás me perciban. He hecho toda clase de esfuerzos por ser la primera en todo lo que hago, en lugar de esforzarme al máximo por centrarme en hacerlo lo mejor que pueda para ti. Sin ti no soy nada.

Señor, enséñame a estar satisfecha con mi imperfección. Ayúdame a abrazarla, sabiendo que me amas tal como soy. Y ayúdame a amarme a mí misma, imperfecciones incluidas. Amén.

El Señor bendijo

El Señor bendijo más los últimos años de Job que los
primeros, pues llegó a tener catorce mil ovejas, seis mil
camellos, mil yuntas de bueyes y mil asnas.

JOB 42:12 NVI

❧

*P*adre amado, es difícil no angustiarse por el futuro. A
veces me preocupa qué pasará esta tarde; otras veces
me bloqueo pensando qué será de mí cuando envejezca y
ya no pueda cuidarme sola. Pero, cuando miro la vida de
Job, me recuerda que lo tuyo son los finales felices.

Estoy segura de que voy a pasar por algunos caminos difíciles, igual que Job. También sé que nunca me
dejarás. Aun en medio de circunstancias insoportables,
puedo tener paz, sabiendo que aún estás escribiendo mi
historia. Los momentos difíciles sirven para fortalecer
mi carácter y para hacer que los buenos tiempos sean
aún mejores.

Justo ahora estoy pasando un tiempo difícil, Señor.
Las cosas no marchan como yo quisiera y me gustaría
saltarme esta temporada y pasar a una mejor. Pero estoy
segura de que me tienes aquí por una razón, para enseñarme algo. Y sé que este no es el final de la historia.

Tú eres el mismo ayer, hoy y mañana. Así como llevaste a Job a atravesar tiempos difíciles y derramaste tu
bondad sobre él al final de las pruebas, sé que harás lo
mismo conmigo. Habrá un día, no muy lejano, en que
me darás bendiciones mucho mayores que las que nunca
antes he tenido. Y, cuando todo haya llegado a su fin,
pasaré la eternidad contigo, y esa será la bendición más
grande de todas. Amén.

Confía en el Señor

En ti, Señor, busco refugio; jamás permitas que me
avergüencen; en tu justicia, líbrame. Inclina a mí tu oído,
y acude pronto a socorrerme. Sé tú mi roca protectora, la
fortaleza de mi salvación. Guíame, pues eres mi roca y mi
fortaleza, dirígeme por amor a tu nombre.

Salmos 31.1–3 nvi

❧ ❧

Señor, cuando veo las noticias y oigo los reportajes de tragedias y calamidades por todo el mundo, siento angustia por el futuro. ¿Qué es lo siguiente que va a suceder? ¿Resultará afectada mi familia? ¿En quién podremos confiar y apoyarnos en este tiempo de caos? Entonces recuerdo tu Palabra.

Gracias, Señor, por las palabras de consuelo que encuentro en la Biblia. Puedo refugiarme en ti y en las promesas que me has dado. Sé que no hay nada en el futuro que no puedas manejar. Tú ya conoces lo que trae el porvenir y tienes tu provisión para tu pueblo. No tengo más que llamar y vienes a rescatarme.

Señor, te ruego que me ayudes a ponerlo todo en tus manos. Cuando oigo noticias que me asustan, o sobre las injusticias que sufren los inocentes, y veo la devastación de ciudades enteras, ayúdame a recordar que tú eres mi roca y mi refugio. Tú eres mi fortaleza. Me enfrente a lo que me enfrente, tú estarás ahí. Gracias por este consuelo y protección. Amén.

Fondos fiduciarios

Bendito es el hombre que confía en el Señor, cuya confianza es el Señor. Será como árbol plantado junto al agua, que extiende sus raíces junto a la corriente; no temerá cuando venga el calor, y sus hojas estarán verdes; en año de sequía no se angustiará ni cesará de dar fruto.
Jeremías 17.7–8 lbla

❧

*P*adre amado, en este momento me siento como en una sequía.

Como un árbol sin agua, tengo miedo de secarme, marchitarme y morir. Y, sin embargo, durante este tiempo de sequía, tú quieres que esté tranquila y confíe en ti.

Padre, este versículo promete que, si confío en ti, aun cuando resulte difícil, floreceré. Seré como un árbol plantado junto a las aguas. Sé que tú eres el agua viva y cuando estoy conectada a ti tengo la vida y nutrientes que necesito para crecer bien y dar buen fruto.

No solo se supone que yo confíe en ti, sino que mi confianza se supone que está en ti. Es un juego de palabras un poco confuso, hasta que lo comparo con un fondo fiduciario. Deposito mi confianza en ti, sabiendo que la confianza rendirá y producirá cosas buenas que me beneficiarán a mí y a los que me rodean.

Cuando confío en ti, elijo creer en tu bondad. Cuando mi confianza está en ti, invierto en mi relación contigo, sabiendo que eso siempre repercutirá favorablemente. Gracias, Padre, por tu amor. Sé que voy a florecer, incluso en los malos tiempos, porque he puesto mi confianza en ti. Amén.

Fuerza y protección

¡Pero el Señor es fiel! Él los hará fuertes
y los librará del maligno.
2 Tesalonicenses 3.3 blph

❧

Gracias, Padre fiel, porque eres digno de confianza en todos los sentidos. Gracias por hacerme fuerte y protegerme de todo mal. Satanás quiere destruirnos a los que te seguimos. Pero tú me invitas a permanecer en ti (Jn 15.4), en quien puedo estar totalmente segura.

Tú prometes que nunca me dejarás, pero a veces me extravío, haciendo mis cosas. Cuando no estoy consciente de tu presencia me vuelvo vulnerable. Pueden engañarme las tentaciones del camino y perder de vista las oportunidades realmente importantes de cumplir con lo que tú quieres. Entonces caigo en un terreno peligroso.

Anhelo estar tan cerca de ti que pueda oír tu voz. Cuando me hables al oído, quiero estar lista para escuchar y obedecer. Entonces te glorificaré con el fruto que nuestra relación produce. Quiero estar todo el tiempo tan cerca de ti que mi corazón lata a tu ritmo, con compasión por aquellos que te necesitan. Entonces estaré fuerte y preparada para hacer tu voluntad, yendo adonde tú me dices que vaya; haciendo lo que me dices que haga. Y la gente me verá en tu vida.

El deseo de mi corazón es confiar en tus provisiones, haciendo todo lo que has planeado para mí. Mantenme en el lugar que has preparado para mí, donde estoy segura y capacitada para hacer tu voluntad. Amén.

Él da esfuerzo al cansado

¿Acaso no lo sabes? ¿Es que no lo has oído? El Dios eterno, el
Señor, el creador de los confines de la tierra no se fatiga ni
se cansa. Su entendimiento es inescrutable. Él da fuerzas al
fatigado, y al que no tiene fuerzas, aumenta el vigor ... pero los
que esperan en el Señor renovarán sus fuerzas; se remontarán con
alas como las águilas, correrán y no se cansarán,
caminarán y no se fatigarán.
Isaías 40.28–29, 31 lbla

༄ ༅

Señor, tú eres el Dios eterno, el Creador del universo. Nunca te fatigas ni te cansas. Siempre estás atento y siempre lleno de poder.

Por mi parte, yo me canso y fatigo con frecuencia. No siempre sé si puedo seguir adelante y abrirme paso un día más.

Pero tú me ofreces fuerzas, y me las ofreces en abundancia. Tienes un poder infinito que ofrecer, así que, ¿por qué intento tantas veces hacer las cosas sola?

Perdóname cuando olvido que has prometido dar fuerzas a tus hijos.

Voy a descansar en ti y a esperar que me des nuevas fuerzas para que pueda levantar el vuelo con alas de águila. Dame la resistencia y la perseverancia para correr la carrera de la vida. Y cuando siento que no puedo seguir más lejos, confío en que estarás ahí para tomarme y darme las fuerzas que necesito para un día más. Amén.

Su amor vence la desilusión

Y la esperanza no avergüenza; porque el amor de Dios
ha sido derramado en nuestros corazones por el
Espíritu Santo que nos fue dado.
ROMANOS 5.5 RVR1960

*D*ios, la desilusión me deja una sensación como de haberme tragado una piedra. Se asienta en mi estómago, pesada y dolorosa. Me aplasta emocionalmente y puede a veces hacerme enfermar físicamente. Estoy desilusionada por plantearme expectativas poco realistas con respecto a otras personas. Incluso cuando dicen que estarán a la altura, pero no alcanzan el listón que les pongo, permito que me desilusionen. Ayúdame a ser realista acerca de lo que otros prometen y de lo que yo soy capaz de hacer sola.

Tu amor nunca me defrauda. Me has dado una esperanza que jamás se desvanecerá. Tal vez no sea como imaginé, pero puedo confiar en que tus planes siempre resultarán ser lo mejor para mí. Cuando la desilusión viene a destruir mis sueños y destrozar mi esperanza, fijo la mirada en ti y sigo creyendo en tus promesas. Solo tú puedes darme la esperanza que no decepciona. Lléname con tu gozo; que rebose por todo mi mundo. Recibo tu amor. Que consuma mi corazón y llene todo vacío que la desilusión pueda causar. La vida puede traer decepciones, pero tengo la esperanza de bendición que prometiste. Tú eres el que puede convertir mis sueños en realidad. ¡Pongo toda mi esperanza en ti! Amén.

Dios es mi herencia

Podrán desfallecer mi cuerpo y mi espíritu,
pero Dios fortalece mi corazón; él es mi herencia eterna.
SALMOS 73.26 NVI

*Dios mío, sabes que he hecho todo lo que puedo. No me es posible arreglar esta situación. Solo me queda poner toda mi fe y mi confianza en ti. Solo tú conoces el resultado. Eres el único que sabe qué hacer. Por eso clamo a ti ahora por ayuda: ayúdame, por favor, a ser fuerte. Ayúdame a esperar con paz, sabiendo que tú eres mi herencia: tú eres suficiente.

Padre, cuando dude, aumenta la porción de mi herencia de fe. Concédeme un océano de seguridad. Cuando la esperanza sea simplemente una colina en este valle, aumenta mi porción y haz que la loma sea una montaña. Y, cuando se desvanezca mi confianza en ti, llena mi corazón con tu luz, a rebosar.

Tú eres mi porción, Padre. Eres suficiente. Sabes exactamente lo que necesito. Sabes cuándo y cuánto necesito. Tú provees con generosidad, siempre, sin fallar. ¿Por qué me preocupo entonces? ¿Por qué tengo miedo, cuando tú eres mi esperanza? Tú eres la fortaleza de mi corazón, y tu provisión es siempre suficiente.

Clamo a ti ahora para que me ayudes. Por favor, llévame por esta situación hasta la luz resplandeciente de tu amor. Dame paz con el conocimiento de que tú eres mi herencia: tú eres suficiente. Amén.

Dios da el crecimiento

Yo sembré, Apolos regó, pero Dios ha dado el crecimiento. Así
que no cuenta ni el que siembra ni el que riega, sino sólo Dios,
quien es el que hace crecer. El que siembra y el que riega están
al mismo nivel, aunque cada uno será recompensado
según su propio trabajo.
1 Corintios 3.6–8 nvi

❧

Señor, a veces pienso que no estoy llevando a cabo nada con todo el trabajo que hago. Parece como si estuviera perdiendo el tiempo. Me agota la monotonía de lo que hago. Sé que no debería preocuparme por los resultados finales, pero, si no veo que pase nada, ¿cómo sabré si debo continuar?

Confieso, Señor, que soy una de esas personas que quiere ver el resultado final del trabajo. Perdóname por preocuparme por si veré o no el resultado final. Pablo dijo que él había plantado la semilla y que Apolos la regó, pero que eres tú quien da el crecimiento para la obra que ellos comenzaron. Señor, dame la misma mentalidad que tenía Pablo: que nosotros no somos nada. Eres tú quien da la vida a las semillas que plantamos.

Gracias, Señor, por la oportunidad de trabajar para ti. Gracias por el propósito que das a mis esfuerzos. Dame un espíritu dispuesto y guárdame de cansarme de hacer el bien. Señor, ayúdame a no preocuparme por lo que otros están consiguiendo para ti, sino a ser diligente con el trabajo que me has dado. Amén.

Autoras

Jean Fischer, antigua editora de Golden Books, ha estado escribiendo para niños durante casi tres décadas. Vive en Racine, Wisconsin. Las oraciones de Jean están en las páginas: 12, 21, 30, 39, 50, 59, 70, 79, 88, 97, 106, 115, 124, 133, 142, 151, 160, 169, 178, 185.

Renae Brumbaugh vive en Tejas con sus dos bulliciosos hijos y dos perros. Ha escrito cuatro libros de la serie Camp Club Girls, de Barbour, así como *MorningCoffee with James* (Chalice Press), y ha participado en varias antologías. Sus artículos y columnas de humor han aparecido en publicaciones de todo el país. Las oraciones de Renae se encuentran en las páginas: 14, 23, 32, 41, 52, 61, 63, 72, 81, 90, 99, 108, 117, 126, 144, 153, 162, 171, 179, 181.

Shanna D. Gregor realiza trabajos independientes como escritora, editora y desarrolladora de productos para diversos ministerios y editoriales. Es madre de dos muchachos. Shanna y su esposo viven en Tucson, Arizona. las oraciones de Shanna se encuentran en las páginas: 9, 18, 27, 36, 47, 56, 67, 76, 85, 94, 103, 112, 121, 130, 139, 148, 157, 166, 175, 184.

Ardythe Kolb escribe artículos y devocionales para varias publicaciones y actualmente trabajo en su tercer libro. Sirve en la junta de consejeros de una red de escritores y edita su circular de noticias. Las oraciones de Ardythe se encuentran en las páginas: 7, 16, 25, 34, 45, 54, 65, 74, 83, 92, 101, 110, 119, 128, 137, 146, 155, 164, 173, 182.

Emily Marsh vive en Virginia con su esposo, Seth, y sus cachorros de *pit bull*. Trabaja en una inmobiliaria del centro como responsable de atención al cliente y enseña ballet en su tiempo libre. Las oraciones de Emily se encuentran en las páginas: 8, 17, 26, 35, 46, 55, 66, 75, 84, 93, 102, 111, 120, 129, 138, 147, 156, 165, 174, 183.

Lydia Mindling se inspira para escribir en tres cosas: el amor de Dios, el sacrificio de Cristo y la Creación. Cuando no está escribiendo, Lydia disfruta montando a caballo o yendo de excursión, e intentando hornear los mejores *brownies* del mundo. Las oraciones de Lydia se encuentran en las páginas: 13, 22, 31, 40, 43, 51, 60, 64, 71, 80, 89, 98, 107, 116, 125, 134, 143, 152, 161, 170.

Vickie Phelps vive en el este de Tejas con su marido, Sonny, y su *schnauzer*, Dobber. Reparte su tiempo entre la familia, la escritura y las actividades de la iglesia. Las oraciones de Vickie se encuentran en las páginas: 15, 24, 33, 42, 53, 62, 73, 82, 91, 100, 109, 118, 127, 135, 145, 154, 163, 172, 180, 186.

Iemima Ploscariu es una historiadora que pasa la mayor parte de su tiempo en Sacramento, California. Tiene un Máster de Letras en Historia de Europa Central y del Este y está realizando más estudios. Además de ser escritora *freelance*, sirve en el ministerio de niños y mujeres de su iglesia local rumana. Las oraciones de Iemima se encuentran en las páginas: 10, 19, 28, 37, 48, 57, 68, 77, 86, 95, 104, 113, 122, 131, 136, 140, 149, 158, 167, 176.

Janet Ramsdell Rockey es una escritora cristiana *freelance* que vive en Tampa, Florida, con su esposo, que es agente de bienes raíces, y dos gatos. Las oraciones de Janet se encuentran en las páginas: 11, 20, 29, 38, 44, 49, 58, 69, 78, 87, 96, 105, 114, 123, 132, 141, 150, 159, 168, 177.